BIENVENUE EN TANZANIE !

© STEVE LAGRECA – SHUTTERSTOCK.COM

Safari dans le Tarangire National Park.

La Tanzanie, pays que beaucoup ont du mal à situer sur une carte, est incontestablement l'un des derniers paradis terrestres. Du sommet du Kilimandjaro (5 895 m), point culminant du continent africain, en passant par celui du majestueux mont Meru, l'Homme prend, ici, conscience que la nature est reine. Il se doit de la protéger, afin qu'elle continue à exister pour elle-même et pour lui également. La Tanzanie s'ouvre au monde : on est sous le charme. Les animaux sont ici chez eux : les éléphants, les innombrables zèbres et gnous, les lions, les guépards et léopards à l'affût, les élégantes gazelles et inquiétants crocodiles, les pélicans et autres flamants roses… La Tanzanie ne se résume pas qu'à cela. Il faut aussi découvrir les gorges d'Olduvai – le berceau officiel de l'Humanité –, Zanzibar et ses couleurs chatoyantes, le littoral tanzanien ou encore Victoria, Tanganyika et Nyasa, les trois plus grands lacs du continent qui sont autant de mers à naviguer… Et puis, sans doute le meilleur de tout, il y a la population. Un peuple accueillant et des villes, comme Dar es Salaam, capitale économique, et Arusha, capitale touristique, qui prennent le train de la modernité. La richesse d'un faible nombre côtoie la pauvreté d'une majorité, avec indécence parfois. Pays de paradoxes, la Tanzanie détonne, étonne et surprend. Elle se marque au fer rouge dans la mémoire de ses visiteurs, au nombre croissant (plus d'un million par an à présent). D'un séjour en découle bien souvent un deuxième, puis un autre, pour percer les secrets de ce pays, grand comme deux fois la France, et fier de sa culture et de son patrimoine.

UTTERSTOCK.COM

SOMMAIRE

■ DÉCOUVERTE ■

■ VISITE ■

■ PENSE FUTÉ ■

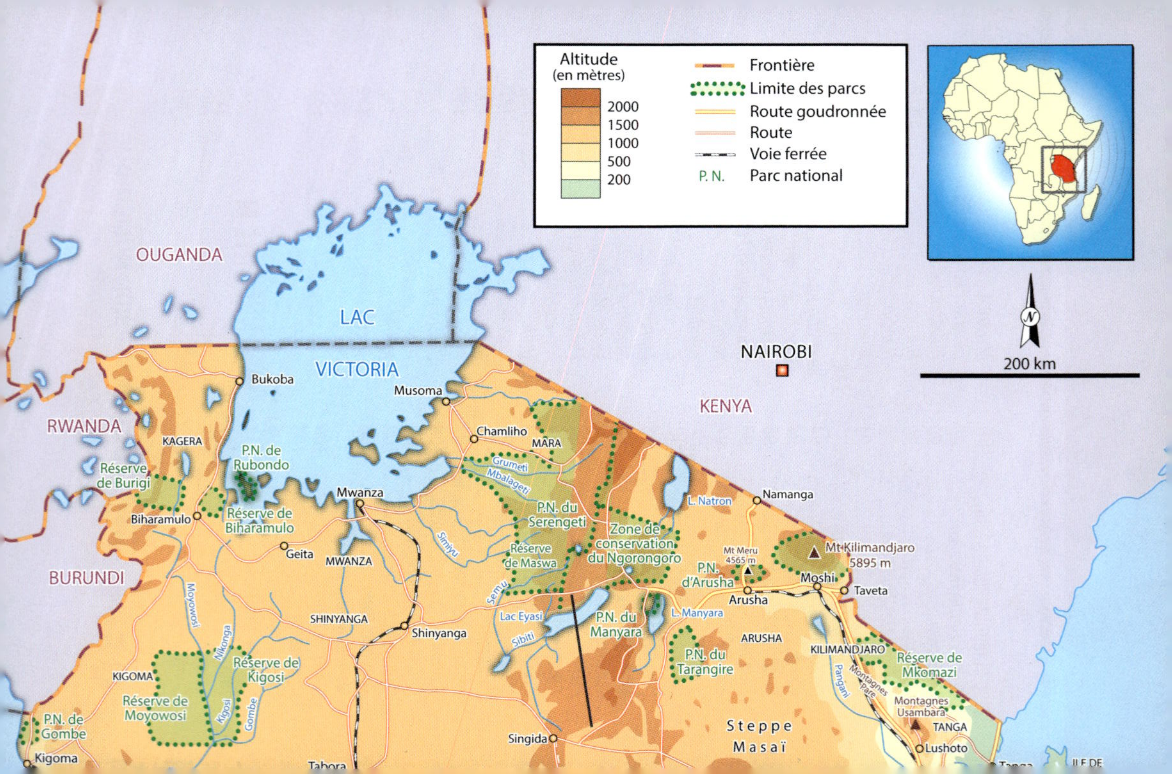
Altitude
(en mètres)
2000
1500
1000
500
200
Frontière
Limite des parcs
Route goudronnée
Route
Voie ferrée
P. N.
Parc national
200 km
OUGANDA
LAC
VICTORIA
NAIROBI
KENYA
RWANDA
BURUNDI
KAGERA
Bukoba
Musoma
Chamliho
MARA
P.N. de
Rubondo
Réserve
de Burigi
Grumeti
Mbalageti
Mwanza
Namanga
L. Natron
Biharamulo
Réserve de
Biharamulo
P.N. du
Serengeti
Zone de
conservation
du Ngorongoro
Geita
MWANZA
Simiyu
Réserve
de Maswa
Mt Meru
4565 m
Mt Kilimandjaro
5895 m
P.N.
d'Arusha
Moshi
Taveta
Arusha
Moyowosi
Semu
Lac Eyasi
P.N. du
Manyara
L. Manyara
SHINYANGA
Shinyanga
Sibiti
ARUSHA
Nikonga
Réserve de
Kigosi
P.N. du
Tarangire
KILIMANDJARO
Réserve de
Mkomazi
KIGOMA
Réserve de
Moyowosi
Pangani
Montagnes
Pare
Montagnes
Usambara
P.N. de
Gombe
Kigosi
Gombe
Steppe
Masaï
TANGA
Singida
Lushoto
Kigoma
Tabora

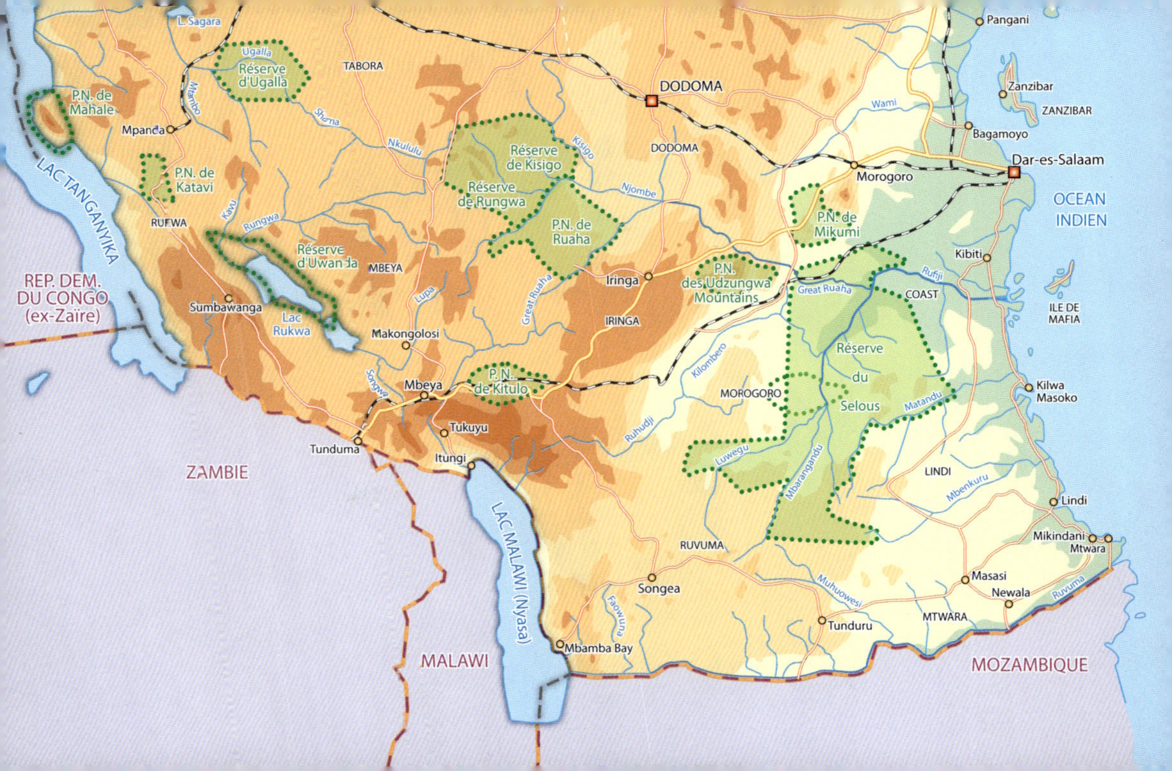

OCEAN INDIEN
Dar-es-Salaam
DODOMA
Pangani
Zanzibar
ZANZIBAR
Bagamoyo
Morogoro
Kibiti
ILE DE MAFIA
Kilwa Masoko
Lindi
Mikindani
Mtwara
Newala
Masasi
MTWARA
LINDI
COAST
MOZAMBIQUE
Tunduru
Songea
RUVUMA
Mbamba Bay
LAC MALAWI (Nyasa)
MALAWI
Itungi
Tukuyu
Mbeya
Tunduma
ZAMBIE
Makongolosi
Iringa
IRINGA
MOROGORO
TABORA
MBEYA
RUFWA
Mpanda
Sumbawanga
Lac Rukwa
LAC TANGANYIKA
REP. DEM. DU CONGO (ex-Zaïre)
L. Sagara
Réserve d'Ugalla
P.N. de Mahale
P.N. de Katavi
Réserve d'Uwanda
Réserve de Kisigo
Réserve de Rungwa
P.N. de Ruaha
P.N. des Udzungwa Mountains
P.N. de Mikumi
Réserve du Selous
P.N. de Kitulo
Wami
Rufiji
Great Ruaha
Kilombero
Ruhudji
Luwegu
Mbarangandu
Matandu
Mbenkuru
Muhuowesi
Ruvuma
Faowuna
Njombe
Kisigo
Lupa
Songwe
Nkululu
Shama
Mtambo
Ugalla
Rungwa
Kavu

Safari dans le Tarangire National Park.

DÉCOUVERTE

LES PLUS DE LA TANZANIE

Des richesses culturelles

Mélanges et traditions pourraient être les maîtres mots de la culture tanzanienne. On y rencontre plus de 120 tribus se partageant le territoire de manière pacifique. De la gigantesque tribu des Bantou représentant 98 % de la population à celle des Maasai, la plus connue, des centaines de groupes ethniques se côtoient sur les terres sacrées de Tanzanie. Cette diversité permet aux voyageurs d'approcher des cultures africaines ancestrales et de mieux comprendre leurs rites et modes de vie. Un monde à aborder avec respect, humilité et ouverture d'esprit.

Des paysages somptueux

C'est sans aucun doute l'attrait numéro 1 de la Tanzanie. Au-delà de sa faune et de sa flore, la Tanzanie possède des paysages merveilleux. En provenance de Dar es Salaam, ou de Nairobi, à destination du nord, ou encore du sud vers la Zambie ou le Malawi, on est subjugué par ces hauteurs, ces cimes que l'on contemple. On se sent bien petit devant la beauté du monde : du cratère Ngorongoro au Kilimandjaro en passant par le sud et Zanzibar, la Tanzanie est un pays magique…

Une faune et une flore originelles

En Tanzanie, la fameuse expression « Berceau de l'humanité » n'est absolument pas galvaudée. Le visiteur y a des yeux d'enfant. Oui, la Tanzanie est peut-être l'un des derniers paradis sur terre que l'Homme se doit de protéger. De la savane, écrasée de chaleur, à la forêt tropicale, l'animal est le roi avec le lion qui accompagne les autres membres du Big Five (« les cinq plus grands ») : l'éléphant, le buffle, le rhinocéros, et le léopard.

Une population chaleureuse

Un sourire, un mot gentil pour prendre des nouvelles : les Tanzaniens ont réellement le sens de l'hospitalité. Partout, il y a toujours un « Karibu » pour les touristes (« Bienvenue » en kiswahili, la langue nationale). Les Tanzaniens disent d'ailleurs qu'ils sont les plus amicaux, les plus ouverts des peuples d'Afrique de l'Est. Ils sont également réputés pour leur pacifisme et leur bon sens. On y prône le dialogue pour résoudre les problèmes. Même si la vie quotidienne n'est pas toujours rose, ils ne se départissent jamais de leur sourire. Ça fait incontestablement du bien.

Une variété de choix

La Tanzanie est une destination multiple. Tout est réuni dans ce grand pays, à la fois la savane, la forêt, la montagne, l'océan et les lacs. Plusieurs univers cohabitent au sein d'un même et unique pays, rendant le voyage encore plus mémorable. On peut ainsi, au cours d'un séjour, passer d'une biodiversité à une autre. Les climats, eux, ne sont aussi pas les mêmes…

LA TANZANIE EN BREF

Pays

- **Nom officiel :** République unie de Tanzanie.
- **Capitale :** Dodoma (administrative), Dar es Salaam (économique).
- **Superficie :** 945 090 km^2, dont Zanzibar 1 464 km^2.
- **Langues :** swahili ou kiswahili.

Population

- **Nombre d'habitants :** 58,5 millions d'habitants (2020, Zanzibar y compris).
- **Densité :** 61,9 hab./km^2.
- **Taux de natalité :** 3,46 %.
- **Taux de mortalité :** 0,71 %.
- **Espérance de vie :** 65,5 pour les femmes ; 62,3 pour les hommes.
- **Taux d'alphabétisation :** 82 %.
- **Religion :** chrétiens (30 %), musulmans (35 %), autres (35 % – animisme, hindouisme, sikhisme, etc.).

Économie

- **Monnaie :** shilling tanzanien (TSH ou TZS).
- **PIB :** 57,4 milliards de dollars (2019).
- **PIB/habitant :** 1 051 US$.
- **PIB/secteur :** agriculture : 23,4 % ; industrie : 28,6 % ; services : 47,6 %.
- **Taux de croissance :** 5,4 %.
- **Taux de pauvreté :** 47 %.
- **Taux d'inflation :** 5,3 %.

Kilimandjaro.

Décalage horaire

TU + 3 h. Avec la France : + 2 h en hiver, + 1 h en été. Quand il est midi en Tanzanie, il est 10h en France en janvier et 11h en juillet.

Climat

Le climat qui prédomine en Tanzanie est tropical. Les côtes maritimes sont en général chaudes et humides. En moyenne, il y fait 30 °C. L'époque la plus chaude de l'année se situe de décembre à mars, la plus froide de juin à août. Les températures descendent en dessous de 0 °C en altitude la nuit. Il faut donc se couvrir en conséquence sur les pentes du Kilimandjaro ou du Meru, mais aussi sur les bords du cratère Ngorongoro (plus de 2 000 m d'altitude).

Le drapeau de la Tanzanie

Adopté en 1964, il correspond à une fusion des drapeaux du Tanganyika et de Zanzibar. Il est traversé diagonalement par une bande noire bordée de jaune allant du point de drisse inférieur au point flottant supérieur. Le triangle supérieur est vert et le triangle inférieur est bleu.

Dar Es-Salaam

Janvier	Février	Mars	Avril	Mai	Juin	Juillet	Août	Sept.	Octobre	Nov.	Déc.
24°/ 31°	24°/ 32°	23°/ 32°	23°/ 31°	21°/ 30°	19°/ 29°	19°/ 29°	18°/ 29°	19°/ 30°	20°/ 30°	22°/ 31°	23°/ 31°

Mwanza

Janvier	Février	Mars	Avril	Mai	Juin	Juillet	Août	Sept.	Octobre	Nov.	Déc.
18°/ 27°	18°/ 28°	18°/ 28°	18°/ 28°	18°/ 28°	16°/ 28°	15°/ 28°	16°/ 28°	18°/ 29°	18°/ 29°	19°/ 28°	18°/ 27°

LA TANZANIE EN 10 MOTS-CLÉS

Accueil

Les Tanzaniens sont extrêmement souriants et accueillent très gentiment les étrangers. De ce point de vue-là, ils auraient de grandes leçons à nous donner. Les habitants du sud et des Grands Lacs sont particulièrement accueillants. Il vous arrivera fréquemment d'être invité à manger. Heureux de ces moments de partage, ils vous demanderont votre avis sur la Tanzanie, et ce sera le départ d'une série de questions sur votre pays. Les Tanzaniens sont curieux, et embarquent leurs hôtes dans d'interminables discussions.

Big Five

Le Big Five (les « Cinq plus grands ») est le cercle des animaux les plus respectés par les chasseurs d'autrefois : le lion, le léopard (le plus difficile de tous à observer), le buffle, l'éléphant et le rhinocéros.

Si l'on rencontre ces cinq-là lors du safari, alors celui-ci sera réussi. Si l'on dit que ce sont les cinq animaux les plus dangereux, il faut apporter une précision car l'animal qui se montre le plus agressif et le plus meurtrier sur une année sur le continent africain n'est autre que l'hippopotame !

Capitales

Dodoma, la capitale constitutionnelle, ne présente guère d'intérêt, ne possède aucune ambassade et finalement assez peu d'administrations, avec seulement le Parlement. Dar es Salaam, plus richement dotée, est la véritable capitale. Grouillante, étouffante, sale, bruyante et dangereuse : elle a tout d'une mégalopole. On dit qu'elle est plus grosse que Nairobi, la capitale kényane. Difficile de savoir le nombre exact d'habitants.

Il reste Zanzibar Town, autre capitale de l'archipel éponyme qui comprend également l'île de Pemba. C'est de loin la plus intéressante et la plus agréable. Pourquoi tant de capitales ? Le pays est l'union de deux Etats distincts, le Tanganyika et Zanzibar, dont la contraction des noms a donné Tan-Zan-ie. Cette union date du 26 avril 1964.

Clou de girofle

L'archipel de Zanzibar est l'un des premiers producteurs mondiaux de clou de girofle. Et pour être précis, les trois quarts de cette production viennent de l'île de Pemba, pourtant plus petite que sa voisine Zanzibar.

Fierte nationale donc, d'autant que si vous suivez la route des épices, on vous expliquera comment celle-ci est apparue sur l'île, et a traversé les siècles pour en devenir la principale richesse agroalimentaire. L'histoire à travers celle du clou de girofle : il fallait y penser, et c'est très intéressant. Aujourd'hui, cependant, le clou de girofle a été supplanté par le tourisme en tant que première source de revenus de l'archipel.

© RANPLETT

Arrivée au sommet du mont Kilimandjaro.

Écotourisme

Ce mot prend tout son sens en Tanzanie. Des conférences en la matière sont régulièrement organisées dans le pays. Habitations non polluantes entièrement en matériaux naturels, activités touristiques organisées avec le souci de la protection de l'environnement : certaines compagnies et ONG ont toutes les raisons de privilégier cette forme de tourisme. Leur implication ne concerne d'ailleurs pas que le tourisme puisqu'elles œuvrent également au niveau de l'éducation des enfants en reversant un pourcentage de leurs bénéfices pour des constructions d'écoles. Elles tentent de faire comprendre le besoin de préserver toutes ces richesses naturelles.

La Tanzanie offre un tourisme cher et haut de gamme. Entre les billets d'avion et le safari, cette destination n'est pas à la portée de toutes les bourses. Le tourisme tanzanien est d'ailleurs « géré » en majorité par des Sud-Africains, des Indiens et des Occidentaux (Américains, Britanniques, Allemands, Italiens et Français surtout).

Jambo, poa !

Dès votre arrivée, les Tanzaniens ne vous louperont pas... Vous aurez droit à des « Jambo, vipi ? » à tous les coins de rue. Autant savoir dès à présent ce que cela signifie : « Bonjour, comment allez-vous ? ». C'est la marque de l'hospitalité nationale. Même si vous utilisez l'anglais pour vous exprimer, il est bon de parler un tant soit peu kiswahili, la langue nationale tanzanienne. A ce *Jambo*, il faut répondre « Nzuri, asante sana ! », un « ça va bien, merci ». On a connu plus dur ! Et c'est vraiment agréable de nouer un lien, aussi petit soit-il, avec un interlocuteur souriant qui ne veut rien d'autre qu'échanger quelques mots avec les touristes.

Kilimandjaro

Le Toit de l'Afrique (5 895 m) rayonne des dizaines de kilomètres à la ronde. Du sud du Kenya au nord de la Tanzanie,

vous apercevrez son sommet plat et enneigé. A Moshi, c'est de là qu'on le voit le mieux. Avec un bon zoom, les photos sont une merveille. Attendre la dissipation des nuages matinaux pour observer le géant d'Afrique. Le Kili, comme on l'appelle ici, vous donnera peut-être des fourmis dans les jambes. Mais attention, l'ascension ne se fait pas en claquant des doigts. Tous les ans, environ la moitié des tentatives échoue. La difficulté est avant tout physique.
Si vous tentez l'ascension, prévoyez impérativement des vêtements chauds. Les nuits sont glaciales. De toute façon, que vous l'ayez vaincu comme Zinedine Zidane il y a quelques années, ou tout simplement pas tenté, vous ramènerez certainement dans vos bagages le tee-shirt « Just done it », qui copie le slogan d'une célèbre marque de sport…

Marché

Dans toutes les villes et gros bourgs, il existe chaque semaine des marchés, débordants de vie et de couleurs. Vous y trouverez, en abondance, fruits, légumes variés, viandes sur lesquelles les mouches ont tendance à s'aventurer, poissons frits, épices, objets de vannerie, outils, kangas (l'habit traditionnel des femmes bantoues) et vêtements d'occasion. Les Maasaï organisent au moins une fois par mois des grands marchés régionaux, des sortes de foires avec ventes de bestiaux aux enchères, ventes d'habits maasaï, de perles et d'armes. Sur la côte, allez voir au moins un marché aux poissons.

Mouches tsé-tsé

C'est une mouche africaine, du genre glossine, qui ressemble avant tout à un taon et à laquelle on impute la transmission de la maladie du sommeil. D'une part, toutes les espèces tsé-tsé ne véhiculent heureusement pas la maladie et, d'autre part, leur piqûre est si violente que nous réagissons bien avant que la mouche n'ait eu le temps d'inoculer quoi que ce soit. Il convient donc de se protéger surtout contre la douleur en portant des tissus épais (elles piquent à travers les vêtements) à manches longues et de couleurs claires. Elles sont surtout attirées par le bleu et le noir. En Tanzanie, on les trouve essentiellement dans les parcs nationaux du Tarangire, du Serengeti, du lac Manyara, de Mikumi, de Ruaha, et du Gombe Stream. Elles surviennent surtout avant les grosses chaleurs saisonnières (janvier et février), mais aussi juste avant les gros orages de la saison de pluies (novembre, mars et avril).

Patrimoine mondial

Océan, lacs, savane, plaines et vallées, montagnes… : on trouve absolument tous les paysages naturels en Tanzanie. Le pays, au cœur de l'Afrique, est particulièrement gâté par la nature. La somme des espaces protégés (terrestres ou marins) est colossale et représente le quart de la superficie nationale. On compte plus de 600 réserves forestières. Sept sites tanzaniens sont classés au patrimoine mondial de l'humanité de l'Unesco. Quatre figurent au patrimoine naturel (la zone de conservation du Ngorongoro, le parc du Serengeti, le parc du Kilimandjaro et la réserve de Selous) et trois sont d'ordre culturel (la vieille ville de Zanzibar Town, les ruines de Kilwa Kisiwani et de Songo Mnara, et les rochers peints de Kondoa).

SURVOL DE LA TANZANIE

Géographie

On peut distinguer cinq grandes régions tanzaniennes :

- **Les plaines côtières,** d'une largeur moyenne de 16 km sur une longueur de 800 km, très sauvages, bordées de plages et de palmiers, et interrompues seulement par quelques deltas fluviaux et quelques criques, dont celles des ports en eaux profondes de Tanga, Dar es Salaam et Mtwara. Formées d'une plate-forme corallienne, ces plaines sont essentiellement occupées par des forêts de palétuviers.

- **A partir de là s'élèvent les plateaux de l'est,** qui atteignent jusqu'à 300 m de hauteur, et où pousse tout d'abord une végétation dense, alimentée par les pluies abondantes que retiennent ces premiers reliefs. La végétation se raréfie au fur et à mesure qu'on s'éloigne vers l'ouest et laisse place à une vaste région aride : la steppe maasaï.

- **La branche orientale de la vallée du Rift,** dans le prolongement du lac Turkana (au Kenya), est celle des lacs Natron, Manyara et Eyasi, non loin desquels s'élèvent tous les massifs montagneux volcaniques importants du pays. C'est là que se trouvent les parcs nationaux du nord. Ces massifs montagneux nourrissent de relativement nombreux cours d'eau qui vont se jeter dans l'océan Indien.

- **Le plateau central semi-aride.** Situé entre 900 et 1 200 m d'altitude, 300 et 1 000 m dans le sud, il est fait de savanes, de bois clairsemés et d'arbustes. Au sud-ouest de la rivière Rufiji, c'est un plateau parcouru de cours d'eau qui le découpent en plusieurs bassins distincts

- **Enfin, la vallée du Rift occidental** est celle du lac Tanganyika et du lac Nyasa. Le lac Tanganyika draine les eaux des hautes terres du nord-ouest, eaux qui iront se jeter dans l'océan Atlantique ; le lac Nyasa draine celles des hautes terres du sud situées à environ 2 800 m d'altitude.

Climat

La Tanzanie peut se visiter toute l'année, même pendant la saison des pluies. Dans l'intérieur du pays, les températures sont toujours douces, entre 15 et 21 °C. La frontière nord se trouve en effet à 2 degrés de latitude sud, et l'altitude des hauts plateaux (plus de 1 000 m), où se trouvent la plupart des parcs nationaux, préserve des fortes chaleurs. Seules certaines régions isolées enregistrent des températures extrêmes : près du lac Natron, le thermomètre dépasse fréquemment les 40 °C, tandis que le Mont Meru et le Kilimandjaro connaissent des températures vraiment basses : parfois jusqu'à -25 °C au sommet de ce dernier.

La côte de l'océan Indien, en revanche, a un climat chaud toute l'année, et un taux d'humidité assez élevé : idéal pour les séjours balnéaires. Attention ! Il pleut, par intermittence, en principe de mars à début juin ; et d'octobre à février, il fait vraiment très, très chaud (souvent plus de 35 °C, avec un fort taux d'humidité, notamment de décembre à mars). Située dans l'hémisphère Sud, la Tanzanie a des saisons inversées par rapport aux saisons européennes. Noël s'y fête en été, juillet et août correspondent à l'hiver. Cependant ces saisons sont peu contrastées, ce qui s'explique par la proximité de l'équateur. En revanche, les paysages, eux, changent beaucoup et, au fil des saisons, les plaines font véritablement le tour de toute la palette des couleurs pastel. La petite saison des pluies arrive début novembre et s'en va à la mi-décembre, tandis que la grande saison des pluies est là de début mars à début mai. Ceci ne doit cependant pas trop vous influencer : il ne pleut, en règle générale, que la nuit, et ce temps un peu perturbé, non seulement ne vous privera pas de soleil mais, de plus, vous fera admirer par intermittence des cieux noirs du plus bel effet. Ces pluies, venues de l'océan Indien, changeront surtout l'état des pistes, très poussiéreuses ou, au contraire, plutôt boueuses. Sachez enfin que, d'une année à l'autre, la quantité des précipitations peut beaucoup varier.

Environnement

Fondant l'essentiel de son économie sur le développement du tourisme, ses matières premières et son agriculture, la Tanzanie sait qu'elle doit aborder sérieusement le problème de l'écologie et la protection de l'environnement. Ses forêts, lacs, montagnes et parcs naturels sont sa principale source de revenus touristiques. Ainsi, dans les années 1950 et 1960, furent délimitées les frontières des principaux parcs du pays : l'appellation Zone de conservation du Ngorongoro fut décrétée après que le gouvernement de l'époque eut exclu toute habitation humaine de la zone à cause du braconnage. Les Maasaï furent priés d'aller s'installer ailleurs (on raconte d'ailleurs que les braconniers se déguisaient en Maasaï pour pénétrer dans les terres et tirer les animaux). Même la chasse intensive aux mouches tsé-tsé fut stoppée dans certaines régions car les forêts étaient touchées par l'emploi des pesticides et insecticides utilisés. Aujourd'hui, le gouvernement aide financièrement au développement de l'écotourisme, par des exemptions de taxes par exemple. La Tanzanie, pays encore pauvre ayant recours à un libéralisme effréné pour l'exploitation de ses ressources, accueille volontiers les compagnies étrangères dans de nombreux secteurs de son économie. Celles-ci pourraient aider le pays à acquérir une réelle conscience écologique et construire les infrastructures permettant de résoudre ces problèmes environnementaux. Mais dans un pays où la corruption règne dans l'administration, certains, bien que motivés pour collaborer, ont depuis longtemps tourné les talons... La situation, on le sait, ne tend pas vers le mieux. Certaines plages de Zanzibar ne sont pas épargnées puisque des sacs plastique et déchets en tout genre, jetés par les bateaux et même les insulaires, ternissent ce paysage de carte postale. Bien sûr, les plages à proximité des hôtels sont scrupuleusement et régulièrement nettoyées, mais si vous vous baladez près des villages de l'île principale, vous aurez parfois droit à une tout autre vision. A qui la faute ? Au gouvernement tanzanien, qui ne cherche pas vraiment à aider celui de Zanzibar qui lui-même ne s'intéresse pas suffisamment à ce problème ? A la population locale, peu soucieuse de l'impact que cette pollution peut avoir sur l'économie de l'île ? Peut-être un peu des deux...

Faune et Flore

Faune

▸ **Les mammifères** sont les moins nombreux des animaux. Ils sont généralement terrestres, quadrupèdes et poilus, leur température est élevée et constante, leur reproduction placentaire, et les femelles sont dotées de glandes mammaires. Jusqu'aux futurs progrès de la science génétique, on classera les mammifères selon des critères de ressemblance anatomique : la forme de leurs ongles et leur type de dentition, en rapport avec leur régime alimentaire.
La partie continentale de la Tanzanie comporte environ 300 espèces de mammifères, contre une cinquantaine par exemple en Grande-Bretagne. Les naissances des herbivores, tous en même temps chaque année à la même période, ont lieu en saison des pluies, lorsque l'herbe grasse permet aux mères de bien allaiter les jeunes, et à ces derniers de bien se nourrir après le sevrage. De plus, ces naissances groupées permettent à chaque espèce de survivre, car l'effectif des naissances est très supérieur aux besoins des prédateurs.

▸ **Les reptiles** sont des vertébrés rampants, à respiration pulmonaire et température variable, recouverts d'écailles kératinisées ; ce sont les plus proches parents des dinosaures avant les oiseaux. On distingue les ophidiens (serpents), les sauriens (crocodiles, lézards, dont les caméléons) et les chéloniens (tortues). Ils sont dépourvus d'oreilles internes. Les œufs ne sont pas couvés mais enterrés, sauf ceux des pythons, autour desquels la mère se love. On n'observe chez les reptiles aucun comportement parental : les petits sont indépendants dès l'éclosion. Tous consomment du calcaire sous une forme ou une autre pour l'ossification. Les serpents ont des yeux dépourvus de paupières, une langue bifide exploratrice, de petites dents crochues aptes à retenir les proies, et en plus, dans certaines espèces, deux crochets reliés à une glande venimeuse par un canal ouvert ou clos, qu'ils utilisent pour se défendre ou pour capturer une proie. Ils sont capables

La mangrove

La mangrove est un milieu spécifique des régions côtières intertropicales : des zones difficilement pénétrables d'arbres palétuviers, avec leurs racines en forme d'arcades et pneumatophores (c'est-à-dire qu'elles regerment hors du sol pour respirer lorsque l'arbre est envasé), et leurs graines qui germent sur l'arbre même en donnant une plantule en forme de flèche.
Ces palétuviers poussent dans le sable et le limon des marées, et de nombreux organismes s'y développent : larves, insectes, jeunes poissons, oursins, vers, mollusques, crabes et autres crustacés, ainsi que des oiseaux en quantité, des serpents et des singes. La mangrove constitue un écosystème assez protégé, et une néanmoins bonne source de bois et de nourriture pour les habitants des environs.

© ISTOCKPHOTO.COM/SBUREL

Flamants roses volant dans le cratère du Ngorongoro, Ngorongoro Conservation Area.

d'ingérer des proies énormes qu'ils ne peuvent pas mâcher, et la digestion peut alors être une véritable épreuve physiologique durant plusieurs semaines. Leur peau est renouvelée d'un seul coup lors de la mue ; ils laissent alors de belles exuvies. Ils progressent par reptation, natation ou saut. Comme dans les œufs d'oiseaux, les embryons se nourrissent en absorbant tout le blanc de l'œuf, une grande partie du jaune, et un peu du calcaire intérieur de la coquille pour l'ostéogenèse. A l'éclosion, ils brisent la coquille au moyen d'un diamant, protubérance cornée sur la mandibule supérieure, qui disparaît en 48 heures.

- **Les oiseaux** constituent une richesse inouïe, encore très méconnue dans les pays de culture francophone. Ils descendent d'un reptile volant, le ptérosaure, qui vivait il y a 200 millions d'années. Leurs poumons sont prolongés à plusieurs endroits du corps. Les pattes ont un revêtement écailleux semblable à la peau des reptiles. Les longues pattes nues des échassiers évitent à ces derniers de se mouiller les plumes lorsqu'ils cherchent larves, insectes, poissons ou amphibiens dans les rivières et marais. Les plumes servent à les isoler de l'humidité, du vent et du froid, à camoufler à la fois le prédateur et la proie potentielle, à communiquer en tirant parti par exemple de leur gonflement, notamment lors des manœuvres d'intimidation ou des parades bien visibles surtout chez les gros oiseaux (autruches, serpentaires, rapaces en vol), et, bien sûr, à voler, avec une technique et une efficacité que les ingénieurs ont encore du mal à reproduire.

Flore

Principaux arbres rencontrés dans les parcs nationaux :

- **Acacia parasol** (*Acacia tortilis*). Celui qu'on trouve dans toutes les savanes.
- **Acacia jaune – Yellow Fever Tree** (*Acacia xanthophloea*). Pousse dans des zones bien arrosées.

- **Acacia à épines sifflantes** (*Acacia drepanolobium*). Les fourmis forment des nids creux dans des boules à la base des épines ; ainsi l'arbre semble siffler lorsque le vent souffle fort.
- **Arbre à saucisse** (*Kigalia africana*). Le fruit, en forme de saucisson pendant, n'est pas comestible.
- **Baobab** (*Adamonia digitata*). Dans les régions de savane. Son gros fruit sec et acidulé, appelé parfois pain de singe, est très bon.
- **Euphorbe candelabre** (*Euphorbia candelabrum*). Au Serengeti. Il n'a pas de feuilles à proprement parler et, après sa mort, il s'écroule en un seul tenant. Le latex blanc qu'il contient est un poison.
- **Figuier sauvage ou arbre à palabres** (*Ficus sycomorus*). Son tronc ressemble à un enchevêtrement de racines. Il porte son autre nom car il procure souvent de l'ombre aux sages sur les places des villages. Les Maasaï y voient un arbre sacré, au pied duquel ils accomplissent leurs sacrifices à Dieu (*Ngaï*). De la même famille que l'hévéa ou arbre à caoutchouc.
- **Palmier du Sénégal** (*Phoenix rechinata*). Notamment au Serengeti.
- **Séneçon.** Plantes en forme de pilier ou de chandelier à quelques branches, en touffes vertes à allure d'artichauts géants. D'une hauteur d'environ 4 m, il pousse entre 3 000 et 4 000 m d'altitude, il fleurit en des myriades de fleurs jaunes, et s'ouvre et se ferme chaque jour avec le soleil.
- **Sisal sauvage ou agave mexicain** (*Sansevieria ehrenbergiana*). A Olduvai.
- **Agrumes.** Citron vert, citron, orange verte, pamplemousse.
- **Avocatier.** Arbre à feuilles persistantes importé d'Amérique centrale, de la même famille que le laurier, le camphrier et le cannelier.
- **Bananier.** A pour particularité de ne se reproduire que par reprise des pieds existants. On en trouve de très nombreuses variétés.
- **Corossolier.** Produit le corossol, ou anone.
- **Manguier.** Arbre très large, au feuillage dense vert foncé, de la même famille que l'anacardier.
- **Papayer.** A pour particularité d'exister en version mâle ou femelle. Seules ces dernières produisent des fruits, mais il faut environ un pied mâle pour 10 femelles.
- **Palmier doum.** De petite taille. On en tire le crin végétal, et on peut en boire le jus.
- **Palmier à huile, palmier dattier et cocotier** (le plus haut, de 25 m). Ses fibres sont utilisées pour la fabrication du raphia (mais c'est une variété malaise qui donne le rotin, plus épais).
- **Passiflore Arbrisseau** dont les organes évoquent les instruments de la Passion du Christ, d'où le nom du fruit de la passion qu'il nous donne.
- **Ronier ou borassus.** Palmier dont on mange le cœur ou palmite, et dont on utilise le fruit pour faire le vin de palme.
- **Arbre du voyageur.** Ses palmes, naturellement disposées en éventail, collectent l'eau qui est recueillie dans le tronc et peut être ainsi bue par d'éventuels voyageurs.

Les origines

Comme beaucoup de pays africains, la Tanzanie a une longue et intéressante histoire. C'est une histoire qui remonte à plusieurs millions d'années, puisque c'est dans la Vallée du Rift, de l'Ethiopie à la Tanzanie en passant par le Kenya, qu'est apparue l'Humanité. Le crâne découvert en 1995 dans la région du lac Turkana daterait, en effet, de 4 millions d'années. Les empreintes fossiles de pas de Laetoli, découvertes en 1979, à 28 km au sud-ouest d'Olduvaï, en Tanzanie, remontent à 3,7 millions d'années. Le squelette de Lucy, mis au jour en 1974 dans la vallée de l'Omo, en Ethiopie, par une expédition franco-américaine (comprenant notamment Yves Coppens), est daté d'un peu moins de 3 millions d'années ; il s'agit de l'Australopithecus afarensis (de la région du peuple afar). Et le premier crâne trouvé en juillet 1959 par le Dr. Louis Leakey dans la gorge d'Olduvaï en Tanzanie, l'Australopithecus zinjanthropus (de Zinj, le nom arabe de la côte des pays d'Afrique de l'Est), est vieux d'environ 1,8 million d'années.

L'immense intérêt que la Vallée du Rift présente pour la paléontologie date de 1911, année où un entomologiste allemand, le professeur Katwinckle, parti à la recherche de papillons rarissimes, dans la gorge d'Olduvaï, une région reculée et très difficilement accessible du Tanganyika, tomba par hasard sur des fossiles d'animaux préhistoriques apparaissant à la surface du sol. Les spécimens qu'il rapporta suscitèrent un grand intérêt en Allemagne, et une expédition fut organisée dès 1913, sous la direction du professeur Hans Reck. Celui-ci resta 3 mois sur le terrain avant de ramener un grand nombre de fossiles en Europe, dont certains sont visibles au musée de Berlin. En 1933, l'archéologue Leakey, après avoir pris connaissance de ces découvertes, décida de se rendre à Olduvaï, avec Mary, qui allait devenir sa femme, et le professeur Reck. Les Leakey y entreprirent des fouilles, pour lui jusqu'à sa mort en 1972, pour elle, décédée en 1996, jusqu'au début des années 1980.

Le site d'Olduvaï a ceci d'extraordinaire qu'il expose dans ses strates un résumé de l'évolution humaine. Le National Museum, à Dar es Salaam, rassemble l'essentiel des découvertes qui y furent faites. A Isimilia, près d'Iringa, un musée réunit également une très riche collection d'outils préhistoriques trouvés dans le lit d'une rivière des environs. Et la région de Kondoa Irangi, entre Arusha et Dodoma (centre de la Tanzanie), est très renommée pour ses peintures rupestres datant de l'âge de pierre tardif. Nombreux dans la région, les abris rocheux, qui constituaient l'habitat le plus courant de l'homo sapiens, se prêtaient parfaitement à ce genre d'expression.

L'ouverture par l'océan Indien et l'esclavage

En 700 avant J.-C., le pharaon Néchao aurait demandé aux Phéniciens, grands navigateurs, de faire le tour du continent africain en bateau aussi loin qu'ils le pourraient.

On parle même d'expéditions terrestres antérieures qui seraient parvenues jusqu'au Mozambique. Ainsi, dès l'Antiquité, les premiers visiteurs vinrent sur la côte pour échanger des produits, que ce soit avec les chasseurs et agriculteurs de l'intérieur, ou avec les pêcheurs et cultivateurs de la côte, les Zinj, ou Zanj, dont le nom de Zanzibar a gardé la trace. Des marchands de la péninsule arabique, notamment du Yémen et d'Oman, de Phénicie, d'Inde, du golfe persique et d'Égypte semblent en tout cas être venus dès le Ve siècle avant notre ère pour acheter ivoire, bois précieux, copal (résine utilisée pour la fabrication de vernis), gomme, or, peaux d'animaux, parfums et esclaves. Ptolémée, géographe grec d'Alexandrie (première moitié du IIe siècle apr. J.-C.), évoque pour la première fois cette région lointaine, et décrit ses habitants comme grands et de peau foncée. Vers la même époque, un manuel de navigation destiné aux navigateurs de commerce, Le Périple de la mer Erythrée, mentionne la présence de commerçants arabes installés sur la côte et mariés à des femmes africaines. L'influence musulmane prend un caractère de plus en plus dominant, en particulier au IXe siècle, et le métissage avec les Bantous donne naissance au peuple et à la culture swahilis. A partir de la fin du XIIe siècle, les Perses shiraz commencent à s'installer massivement sur la côte, pour promouvoir et maîtriser le commerce avec l'intérieur du continent, faisant remonter leurs grandes caravanes jusqu'au-delà des Grands Lacs. Ils construisent en particulier Kilwa. Entre 1499 (le premier passage d'un navigateur européen, Vasco de Gama, de retour des Indes à la tête de trois caravelles) et 1698 a lieu sur la côte, et en particulier à Zanzibar, Pemba et Kilwa, l'intermède portugais. Les Portugais s'y imposent en fait sans difficulté, car les Perses shiraz ne s'attendaient pas du tout à l'arrivée d'une puissance étrangère concurrente et, a fortiori, venue d'aussi loin. En outre, s'étant eux-mêmes facilement imposés aux tribus africaines, leurs constructions étaient bien davantage des palais que des forteresses. A cette époque, les navigateurs portugais décrivent la côte du pays et les îles comme impressionnantes de fertilité et d'opulence. En 1587, les Portugais, trop peu nombreux et trop éloignés de leurs bases, sont massacrés par les habitants de Pemba. En 1591, le premier navigateur anglais fait escale à Zanzibar. Vers 1690, Fatuma devient reine de Zanzibar, mais reste loyale aux Portugais. Ceux-ci seront finalement battus huit ans plus tard, par une flotte de 3 000 hommes envoyée par l'imam de Mascate (Oman), et devront se replier jusqu'au Mozambique. Le XVIIIe siècle est celui d'une nouvelle colonisation, venue de l'Arabie méridionale, et spécialement d'Oman. L'esclavage prend alors son ampleur maximale. De cette époque, jusqu'à son abolition officielle en 1873, on estime à plus de 1 million et demi (dont 600 000 entre 1830 et 1873) le nombre d'esclaves emmenés de l'intérieur des terres ou capturés sur la côte, sans compter ceux qui moururent en chemin. Les besoins de la péninsule arabique, ceux des îles colonisées par les Européens dans l'océan Indien, ceux enfin des sultans omanais de Zanzibar et de Pemba (en particulier pour les plantations de girofliers) en étaient la cause. Un grand marché officiel fut même ouvert en 1811 à Zanzibar. Deux routes caravanières arrivaient de l'intérieur du continent : l'une du bassin du Zambèze, en passant par les rives nord du lac Nyasa (ou lac

Malawi), jusqu'à Kilwa ; l'autre du lac Victoria, par Tabora, jusqu'à Bagamoyo (au nord de Dar es Salaam), qui signifie d'ailleurs sans espoir. Au XIXe siècle, les premiers explorateurs et missionnaires attirèrent l'attention des Etats européens sur les proportions prises par la traite des esclaves en Afrique de l'Est, et les sultans durent peu à peu céder aux Occidentaux. Mais, malgré son abolition officielle, l'esclavage continua jusqu'au début du XXe siècle.

Les explorateurs européens

Le pasteur allemand Johan Ludwig Krapf arriva à Zanzibar en 1844, et, après avoir reçu un bon accueil du sultan Seyyid Said, se mit à parcourir le Tanganyika. Un autre pasteur allemand, Rebman, le rejoignit en 1848 et découvrit le Kilimandjaro. Krapf traduisit le *Nouveau Testament* en swahili, et tous deux commencèrent à construire églises et écoles.

Richard Burton et son assistant John Speke, explorateurs anglais à la recherche des sources du Nil, arrivèrent à Zanzibar en 1856, et entreprirent de remonter la route arabe des caravanes, jusqu'au lac Tanganyika. En partant de Tabora, Speke atteignit le lac Victoria (qui lui doit son nom, en référence à la reine d'Angleterre) en 1858. Il y retourna en 1861, et comprit qu'effectivement les chutes de Jinja (aujourd'hui chutes d'Owen sur la rive ougandaise du lac Victoria) constituaient bien le début des eaux du Nil, 6 670 km en amont de son delta méditerranéen, fait qu'il ne parvint pas à faire accepter à ses contemporains. Il mourut de blessures par balles dont l'origine reste mystérieuse.

Le docteur David Livingstone remonta d'abord le fleuve Zambèze, du Mozambique aux chutes Victoria (à la frontière actuelle entre Zambie et Zimbabwe), puis, en 1866, se dirigea de Mtwara (côte sud de la Tanzanie actuelle) vers les lacs Tanganyika et Victoria, toujours dans le but de déterminer l'emplacement des sources du Nil, mais aussi de découvrir de nouveaux axes de communication, et de répandre la foi chrétienne. Il fut en particulier témoin, dans cette région, des horreurs de la traite des Noirs et fit part dans ses courriers au gouvernement anglais de l'urgence qu'il y avait à faire cesser les massacres perpétrés par les marchands d'esclaves arabes ou en relation avec les Arabes.

Henry Morton Stanley. L'Occident étant resté sans nouvelles de Livingstone pendant plusieurs années, le journaliste américain Henry Morton Stanley (un Anglais orphelin, qui prit ce nom et la nationalité américaine par snobisme, et montra rarement de l'intérêt pour les cultures qu'il découvrait) partit à sa recherche. Il le découvrit en 1872 à Ujiji, près de Kigoma, sur le lac Tanganyika. Livingstone mourut de dysenterie une année plus tard, près du lac Bengeulu en Zambie, d'où son corps fut transporté à pied par deux serviteurs, sur 2 500 km, jusqu'à Bagamoyo, avant d'être rapatrié en Angleterre. Stanley décida de retourner au Tanganyika pour accomplir la mission de Livingstone, à la tête d'une expédition de 224 hommes. Parti en novembre 1874, il revint 2 ans et 10 mois plus tard, ayant perdu tous ses compagnons d'origine européenne et un grand nombre de porteurs et de guides africains. L'expédition confirma cependant la thèse de Speke contre celle de Burton et de Livingstone, à savoir que le Tanganyika appartenait au système hydrologique du Congo, et que le Victoria était bien la source du Nil.

Pierre Savorgnan de Brazza (1852-1905) explorait à la même époque les profondeurs de l'Afrique, plus à l'ouest. D'autres explorateurs encore traversèrent ce qui deviendrait un jour la Tanzanie ; leur souvenir est moins connu, mais leur destin fut souvent au moins aussi tragique. Oskar Baumann par exemple, un Autrichien qui découvrit le lac Manyara et le lac Eyasi, se fit massacrer en 1899 par une tribu moyennement accueillante, à l'âge de 34 ans.

A ces explorateurs, on peut associer un certain nombre de missionnaires chrétiens, dont les Spiritains à partir de Bagamoyo en 1868 et de Zanzibar, qui se rendirent jusqu'à Morogoro et Kondoa ; les Anglicans à partir de 1875 ; les Pères blancs à partir de 1878, qui s'installèrent à Tabora, sur le lac Tanganyika à Ujiji et Karema, sur le lac Victoria à Mwanza et Bukoba ; les Bénédictins à la même époque, qui fondèrent des missions à Bihawana près de Dodoma, à Iringa, Mahenge et Peramiho dans le Sud-Ouest, et sur le plateau Makonde.

© JULIYA SHANGAREY / SHUTTERSTOCK.COM

Portrait d'un jeune Maasaï.

La colonisation allemande

Des sociétés de commerce allemandes (en particulier la Compagnie de l'Afrique orientale allemande dirigée par Carl Peters) commencèrent à s'établir dans le pays, en signant des accords avec les chefs de certaines tribus locales (il s'agissait bien souvent de traités d'amitié signés en allemand avec des chefs illettrés...). De fait, l'influence germanique allait devenir peu à peu prédominante dans la partie continentale du pays.

En partageant les zones d'influence, les accords germano-anglais de la conférence de Berlin, en 1886, donnèrent naissance à l'Afrique orientale allemande (Deutsch Ostafrika), qui englobait le Tanganyika (y compris le Kilimandjaro cédé par la reine Victoria à son neveu le kaiser Guillaume), ainsi que le Rwanda et le Burundi. Zanzibar et Pemba, sous protectorat britannique, restaient aux mains des sultans.

La conquête : Carl Peters versa simplement 2 000 livres au sultan pour acquérir tous les droits d'exercer son influence sur la partie continentale de la région. Hermann von Wissman, officier supérieur et commissaire du Kaiser pour la Deutsh Ostafrika, débarqua à Bagamoyo en 1887. Les Allemands entreprirent alors de remonter les routes des caravanes contrôlées autrefois par les Arabes, pour s'emparer progressivement des grandes agglomérations et des points de passage importants

La résistance : Mais bien plus que dans les pays voisins, les nouveaux arrivants se heurtèrent à une forte résistance de plusieurs ethnies, en particulier les Hehes de la région d'Iringa. La rébellion débuta par une contestation des concessions de terres accordées par les Allemands pour la culture du coton le long de la rivière Rufiji. Mais cette querelle reflétait un malaise plus profond : avertis de la situation des tribus voisines, les Hehes tenaient à sauvegarder leur liberté et leur indépendance. Leur chef Mkwawa Mwamyinga, après qu'une de ses délégations, envoyée en 1891 pour demander la paix, fut rentrée sans résultat satisfaisant, organisa des raids sur les villages contrôlés par les Allemands ou leurs alliés arabes.

Le XXe siècle

De 1886 au tournant du siècle eurent lieu d'autres affrontements, moins importants certes mais nombreux, où les Allemands profitèrent des divisions des différentes tribus, combattant chacune isolément leur ennemi commun. En 1897 commença la grande épidémie de peste bovine qui décima, pendant plusieurs années, les troupeaux de la plupart des ethnies pastorales de la région, notamment des Maasaïs, en provoquant de très graves famines. De 1905 à 1906 eut lieu une autre grande révolte, au sud de Dar es Salaam, une révolte connue sous le nom de maji maji (on appelait ainsi un esprit habitant les Uluguru Mountains, qui donnait à leurs eaux le pouvoir de protéger des balles). Cette rébellion, à laquelle prirent part les tribus du sud du Tanganyika, alliées pour l'occasion et armées seulement d'arcs et de lances, fut très violemment réprimée : 75 000 personnes moururent, dont un grand nombre de famine, suite à la politique de terre brûlée menée par les Allemands qui incendièrent champs et greniers, et tous les chefs furent exécutés.

1914-1918 : Très peu de temps après la déclaration de guerre en Europe commencèrent les affrontements entre Anglais et Allemands. Ils débutèrent notamment sur la côte, où les Anglais avaient massé leurs troupes à Zanzibar et Pemba, et sur la frontière kényane, à Mombasa et au sud de Nairobi.
La fin des hostilités eut lieu en décembre, ce qui fit de ce conflit le plus long de tous ceux connus par les colonies dans le cadre de la Première Guerre mondiale. En 1919, le traité de Versailles confia le mandat sur le Tanganyika à la Grande-Bretagne, sur le Rwanda et le Burundi à la Belgique : l'Afrique orientale allemande n'existait plus. Pour la première fois, le pays portait le nom de Tanganyika.

L'administration coloniale britannique : Un gouverneur fut nommé par la Couronne britannique assisté d'un conseil exécutif et doublé d'un système judiciaire. La période de 1919 à 1961 fut celle d'un relativement important développement économique. On procéda à la mise en place des infrastructures (ponts, routes Arusha-Moshi, Nairobi-Arusha, dite route des Italiens car construite par des prisonniers italiens durant la Seconde Guerre mondiale…), on investit dans la construction des écoles et des hôpitaux, et on promut des plans de mise en culture en vue de mieux nourrir la population (maïs, céréales) mais aussi exporter (café, coton, sisal).

DÉCOUVERTE

La société traditionnelle africaine se trouva bouleversée à la fois par l'arrivée du christianisme, qui modifiait les coutumes et relations intra-tribales, et par l'arrivée du capitalisme qui, en monétarisant les échanges, changeait également les relations inter-tribales.

L'indépendance

Accompagnant l'élévation du niveau d'instruction des Africains, apparaissent des associations de tout genre, comme les coopératives de producteurs agricoles indépendants, ou, en 1929, la Tanganyika African Association (TAA), qui regroupent les élites du pays. En 1953, Julius Nyerere, enseignant né en 1922, ayant effectué ses études supérieures à Edimbourg, converti au catholicisme et rallié aux idées indépendantistes et socialistes, prend, à 31 ans, la direction de la TAA, qu'il transforme, l'année suivante, en parti politique, au nom nettement plus significatif de Tanganyika African National Union, et au slogan de « Uhuru na Umoja » (Liberté et Union). Après avoir remporté les élections haut la main, il obtient de la Grande-Bretagne l'indépendance du Tanganyika le 9 décembre 1961, sans que soit versée une goutte de sang. Devenu Premier ministre, il démissionne un an plus tard pour mieux préparer les élections du 9 décembre 1962. Cette fois, il devient le premier président de la République. Le 10 décembre 1963, Zanzibar (avec Pemba) obtient son indépendance, mais reste contrôlé par deux partis initiés par les Britanniques (représentatifs des seules élites économiques ou traditionnelles), le tout au sein d'une monarchie constitutionnelle à la tête de laquelle siège le sultan. Créé en 1957, l'Afro Shirazi Party, qui représente la majorité des habitants de l'archipel, dont en particulier les descendants d'esclaves et les ouvriers des champs et des docks, recueille à chaque élection le plus grand nombre de votes, sans jamais arriver au pouvoir.

En janvier 1964, son leader Karume, assez radical, déclenche une sanglante révolution, qui fera environ 10 000 morts, principalement chez les conservateurs. Trois mois plus tard, le 26 avril 1964, le Tanganyika et Zanzibar fusionnent en un Etat unique et souverain, qui portera le nom de République unie de Tanzanie. Le 5 février 1967, lors de la déclaration d'Arusha, Nyerere proclame la doctrine du socialisme à l'africaine, qui préconise, entre autres, une exploitation rationnelle des ressources du pays afin d'assurer le bien-être au plus grand nombre et de parvenir à l'autosuffisance. L'application de cette doctrine se traduit par la nationalisation des acteurs économiques significatifs du pays (en particulier les banques, les compagnies d'assurance, les industries, un certain nombre de grandes fermes tenues par des familles de colons), ainsi que par la décentralisation de l'administration, de façon à donner plus de pouvoir au peuple dans les affaires qui concernent son propre développement.

Les dernières années

En octobre 1995, sans doute sous la pression des bailleurs de fonds internationaux, ont eu lieu les premières élections multipartites. L'ancien parti unique les a remportées haut la main, en raison notamment de la division de l'opposition, qui présentait plus de dix listes. Benjamin Mkapa a été élu président. Les élections de 2000 ont vu sa réélection. A Zanzibar, beaucoup ont crié à la fraude électorale lorsque, en 1995, le CCM ne l'a emporté qu'avec 0,2 % d'avance sur le Civic United Front (CUF) de Shariff Hamad. En 1998 et 1999, 18 membres du CUF, parti de droite également connu pour ses prises de position en faveur des droits de l'Homme, ont été emprisonnés pendant quelques mois à Zanzibar, accusés de vouloir renverser le président de l'archipel Salmin Almour, alors qu'un coup d'Etat est absolument inenvisageable dans le pays.

Mais l'opposition, qui reproche au CCM ses méthodes peu démocratiques, est toujours complètement désunie, et ses chefs font eux-mêmes souvent preuve d'arrogance, d'intransigeance, de soif du pouvoir et d'avidité.

Après sa réélection en 2000, Benjamin Mkapa ne pouvait briguer un troisième mandat aux élections présidentielles de 2005. Le parti du Chama Cha Mapindunzi (CCM) propose alors comme candidat Jakaya Kikwete, le chef de la diplomatie tanzanienne. Il est confortablement élu avec 80 % des votes malgré la présence de nombreux partis politiques d'obédiences diverses. Devant un tel succès, il part favori pour les élections d'octobre 2010. Sans surprise, il l'emporte avec 61 % des voix, devant la révélation de ce scrutin, Willibroad Slaa, leader du parti d'opposition Chadema, second avec 26 % des suffrages.

Acteur de la scène politique nationale depuis près de 30 ans, Jakaya Kikwete a participé à tous les gouvernements successifs des 20 dernières années, dont 10 comme ministre des Affaires étrangères. Dès son investiture en 2005, il favorise un gouvernement fortement féminisé (les femmes occupant des ministères-clés tels que les Affaires étrangères, les Finances et la Justice), tout en sachant préserver les équilibres régionaux et religieux. Le problème de la corruption, les questions de développement économique et le dialogue avec Zanzibar ont été les priorités de son action jusqu'en 2015.

Les élections générales, qui se sont tenues en octobre 2015, n'ont une nouvelle fois pas échappé au candidat du CCM, John Magufuli, né en 1959, ancien ministre des Travaux publics sous Kikwete qui ne pouvait se représenter. L'opposition a pourtant longtemps cru obtenir – enfin – l'alternance avant de se discréditer en investissant comme candidat... le perdant de la primaire du CCM (!), l'ancien Premier ministre Edward Lowassa, affaibli de surcroît par un AVC. Magufuli l'a au final emporté avec 58,46 % des voix grâce notamment à un discours de rupture un peu surprenant pour un candidat issu du parti au pouvoir depuis plus de 50 ans... Un franc-parler qui n'a pas quitté l'ancien ministre des Travaux publics depuis son élection. Surnommé le « président bulldozer », Magufuli multiplie les mesures spectaculaires contre la corruption et le gaspillage de l'argent public, annulant par exemple les festivités annuelles de l'indépendance en décembre 2015 ou renvoyant manu militari au printemps 2017 un millier de fonctionnaires, accusés d'avoir été nommés sur la base de faux diplômes. Ses opposants crient à la démagogie et préfèrent pointer certaines dérives autoritaires comme le détournement de la loi contre la cybercriminalité pour museler les réseaux sociaux ou la nouvelle législation sur les médias jugée liberticide. Il a été réélu en octobre 2020 avec 84,4 % des voix.

POPULATION

Démographie

La Tanzanie est habitée par environ 120 ethnies différentes, dont aucune n'est numériquement en mesure d'exercer une domination sur les autres. La plupart ont pour origine le peuplement bantou, venu d'Afrique de l'Ouest entre 1000 av. J.-C. et 1000 apr. J.-C. Ce sont ces millénaires de migrations qui ont permis la formation de ces groupes jusqu'à la période coloniale.

Avec un peu d'exercice, il est parfois possible de distinguer d'après leurs traits les membres des principales ethnies.

Les ethnies bantoues, qui représentent 98 % de la population, ont en commun la langue swahilie.

Langues

Il existe plus de 100 dialectes différents et plus de 120 groupes ethniques en Tanzanie. Seuls le kiswahili et l'anglais sont des langues officielles. Cette dernière est notamment utilisée comme telle dans toute l'administration. Néanmoins, par manque d'apprentissage, nombreux sont ceux qui ne la parlent pas dans les zones rurales, chez les Maasaïs ou sur les bords des Grands Lacs, parmi les régions les plus reculées. Pour les voyageurs qui sortent des sentiers battus, quelques mots de kiswahili s'imposent. Pour les autres, un anglais de base fait l'affaire. Toutefois, il est utile de connaître quelques mots d'anglais relatifs à l'hébergement ou à la restauration.

Portrait d'une femme Maasaï avec son enfant.

© RAISBECKFOTO – ISTOCKPHOTO.COM

Robe perlée des Barabaig, Manyara National Park.

Mode de vie

Les taux de natalité des pays africains sont parmi les plus élevés au monde, et la Tanzanie n'échappe pas à la règle. Il est ainsi fréquent de croiser plusieurs fois par jour, en Tanzanie, des jeunes filles avec un nourrisson sur le dos. Elles ont 17 ou 18 ans, et sont déjà mamans... Méconnaissance des moyens de contraception (surtout dans les zones les plus reculées) et insistance masculine sont les principales raisons de la naissance de ces enfants. Parfois, ce sont les professeurs qui font des avances aux adolescentes pour une relation sexuelle : grossesse ou transmission du sida sont bien souvent les conséquences de ces gestes inconsidérés. Sans qualification, ces jeunes mères finissent bien souvent par vendre des fruits et légumes sur le trottoir. Ou pire se prostituent pour subvenir à leurs besoins. Selon sa religion, on donne un prénom à sa fille ou à son fils : John, Joseph, Peter, James, Paul, Maria, Upendo sont parmi les plus courants chez les chrétiens, tandis qu'Ally, Mohamed, Mustapha, Ahmed, Fatima, Saida le sont chez les musulmans.

Religion

Sur l'ensemble de la population, on dénombre 30 % de chrétiens (dont des Indiens originaires de Goa, un ancien comptoir portugais maintenant anglophone), répartis entre luthériens, anglicans, et les membres des autres Eglises protestantes (essentiellement pentecôtistes, adventistes et baptistes). On compte environ 35 % de musulmans, lesquels doivent principalement leur origine aux conversions des clans qui collaboraient avec les commerçants arabes le long des routes des caravanes, de la côte de l'océan jusqu'aux Grands Lacs. De 80 à 90 % des musulmans tanzaniens sont sunnites. Enfin, les 35 % de la population restants appartiennent aux autres religions (animisme, hindouisme, etc.).

ARTS ET CULTURE

Architecture

Les constructions les plus belles datent surtout de l'époque coloniale allemande. Aujourd'hui, dans les constructions actuelles d'immeubles, le style est d'inspiration arabe. Sinon, toutes les maisons riches (des Indiens surtout) se ressemblent. Ceux qui ont de l'argent se font construire de vrais palaces. Pour eux, le terrain n'est pas cher, ainsi que les matériaux. Que dire de la main-d'œuvre, pas plus mauvaise qu'ailleurs, mais qui ne rechigne pas à travailler, tous les jours, pour un salaire mensuel assez bas ? Mais quand on n'a pas le choix, on prend ce qui se présente…

Artisanat

Les Bantous, en particulier les Rangis de Kondoa, sont excellents dans le travail de la vannerie, à base de roseaux papyrus : corbeilles et paniers de toutes tailles, dessous de plats, tapis…
Certains groupes ethniques bantous, notamment les Wagogos près de Dodoma, creusent et décorent des calebasses splendides mais assez fragiles. Les Maasaïs en font de plus solides, qui leur servent de gourdes. On trouve aussi quelques objets confectionnés à partir du bois des noix de coco. La poterie a toujours été une technique bien maîtrisée dans cette région d'Afrique, depuis le Néolithique, au moins 5 000 ans av. J.-C. Les ethnies du sud-ouest du pays (en particulier les Kisis, dans la région du lac Nyasa) en réalisent de très belles. Les masques à buts rituels ne sont plus, hélas, fabriqués par aucune tribu. Mais on en trouve encore de très beaux et très expressifs, datant de plus de cinquante ans, en général, et provenant du centre et du sud de la Tanzanie, en

Que ramener de son voyage ?

Parmi les souvenirs, il y a les petits tabourets ou chaises en bois, qui marquent le statut social de leurs utilisateurs. Ils sont très dépouillés pour les femmes, élaborés pour les chefs. Plus petit, et aussi plus ludique, il y a le *bao*, un jeu qui est l'équivalent swahili de *l'awele* d'autres pays africains. Remontant à la nuit des temps et composé d'un plateau de 2 fois 6 cases, souvent repliable en 2, et de 48 graines, le *bao* consiste à prendre toutes les graines de son adversaire. Le jeu peut parfois durer des heures. Sinon, il y a les bijoux traditionnels que l'on vend dans la rue : bracelets, colliers, boucles d'oreilles. Il y a aussi la traditionnelle *skuha maasaï* (couverture qu'ils portent tout le temps). Les fameux masques sont trouvables partout. Il y a des tableaux de peinture, et tout un tas d'autres choses. Cela dépend avant tout de vos affinités personnelles.

© STEPHAN SZEREMETA

Artisanat.

particulier des régions d'Iringa et de Tabora. Faits en bois, ils incorporent souvent des coquillages et des os ou des dents d'animaux, et incluent aussi parfois des matériaux facilement dégradables, comme des cheveux en paille tressés. Ces masques étaient pour la plupart des masques de danse. Parmi les authentiques antiquités, on trouve les masques, ou plutôt casques makonde du sud de la Tanzanie, appelés *mapiko*, devenus extrêmement chers. Sur ces masques, ou plutôt ces heaumes, qu'on ne doit pas voir en dehors des danses des cérémonies, les yeux clos signifient le sommeil ou la mort, et les couleurs servent à souligner les scarifications. Portés par des danseurs, ils font partie du rituel initiatique des adolescents, appelé *unyago*. Chez les Makonde toujours, on trouve des *labrets* (ou *ndona*), les plateaux en bois chez l'homme et en métal ou en ivoire chez la femme, que l'on coince à l'intérieur de la lèvre supérieure incisée puis élargie, et dont le rôle est décoratif.

Certains artisans savent habilement travailler la pierre à savon, ou stéatite, sorte de calcaire aux couleurs pastel, finement ouvragé et poli en petits objets décoratifs ou utilitaires.

Les bijoux en perles de verre multicolores (venues du Moyen-Orient, d'Inde et de Chine dès le Xe siècle), les parures en plumes d'autruche des Moran et les armes maasaïs (lances qui se démontent en trois), machettes, casse-tête et boucliers en peau de buffle, sont des objets vraiment spécifiques à cette région d'Afrique. Les ethnies Sonjo et Ndorobo fabriquent également de très beaux arcs.

Cinéma

Le cinéma est encore embryonnaire en Tanzanie. La télévision nationale, Tanzania Broadcasting Corporation (TBC), propose quelques téléfilms (de bonne qualité selon les Tanzaniens qui les regardent) qu'elle finance, mais si l'on parle de grand écran, il n'y a rien.

Pas de budgets ou de matériels appropriés, et même si des acteurs sortent diplômés chaque année de l'école d'art de Bagamoyo, encore beaucoup reste à faire. Mais ce sera long. Dans les cinémas du pays sont diffusés des films américains et indiens. Ils sont fréquentés par la population tanzanienne anglophone et les expatriés.

Danse

Le hip-hop est ici roi car le rap envahit les télévisions nationales au travers des émissions musicales. La musique tanzanienne est d'ailleurs réputée et certains clips swahilis sonnent à l'oreille. Les mélodies et les rythmes sont attrayants. On se lance, et il faut admettre que c'est finalement un plaisir que d'écouter. La langue swahilie, proposée en chanson, est plus colorée que lors de discussions traditionnelles et toutes ces voyelles finissent par sonner juste et attirent sur les pistes de danse. Les Tanzaniens sont aussi friands de concours de hip-hop. Les sociétés de production ont fleuri à Dar es Salaam, et les concerts sont nombreux à Dar et à Arusha. Il faut aussi voir le succès du festival de musique de Zanzibar, ce n'est pas anodin. La Tanzanie est un pays de musique et de danse, jusque tard dans la nuit. Et les night-clubs marchent bien. Dans un autre registre, il y a les danses chrétiennes, plus classiques et monocordes, mais qui valent la peine car ici la messe du dimanche matin est en chanson, et les fidèles jouent le jeu, au point d'y passer plus de temps que prévu.

Littérature

Il existe une petite littérature swahilie depuis le XVIIe siècle, écrite pendant longtemps d'abord en caractères arabes, sur des thèmes religieux et guerriers. Mais il est difficile de donner un grand nom d'écrivains swahilis. D'ailleurs tous les livres des librairies sont en anglais (on ne trouve en swahili que les livres scolaires vendus).

Musique

Toute la journée, on écoute, on chante, et parfois on danse. La musique est indissociable du quotidien des Tanzaniens. Et il faut dire qu'elle est de qualité. En anglais ou en kiswahili, il faut tendre l'oreille. Et vous aussi, vous bougerez avec eux. A noter que les Tanzaniens sont d'excellents danseurs, et qu'ils savent donner le « la » aux touristes de passage.

Le *marimba* est l'instrument de musique traditionnel des Bantous : il consiste en une petite caisse de résonance en bois, rectangulaire, sur laquelle sont montées des tiges de fer par taille décroissante. On les trouve encore sur la côte, sous une forme plus rudimentaire, faits d'une simple tige de métal montée sur une coquille de noix de coco.

Il existe aussi de nombreux types de tam-tams, certains en pointe vers le bas pour pouvoir être fichés en terre, d'autres en diabolos pour pouvoir être tenus entre les genoux. Ceux qui sont en peau de chèvre non retournée et qui gardent encore la couleur de l'animal ne sont évidemment pas anciens.

On battait le tam-tam pour annoncer les événements importants de la vie des communautés villageoises : déplacement du chef, intervention du sorcier. Le tam-tam, la musique et la danse réglaient ainsi la vie et la conscience des hommes...

Maasaïs.

Peinture et arts graphiques

La peinture, présente en Tanzanie depuis la Préhistoire sur des rochers, est aujourd'hui représentée par un style particulier de peinture appelé le Tingatinga, du nom d'un artiste aujourd'hui décédé. Caractérisée par des couleurs vives, sa peinture, d'une simplicité qui n'est qu'apparente, a pour sujets des animaux sauvages peints de face, stylisés afin de leur donner une apparence fantastique, ou des scènes de la vie courante des villages, des histoires de sorciers, des fables, sur un fond parcouru de divers motifs végétaux ou animaliers…

Sculpture

Les sculptures sur bois, sur ébène notamment, sont très prisées. Mais avant de faire une éventuelle acquisition, vérifiez la densité et la couleur authentique du bois. Ces sculptures représentent soit des animaux, soit des personnages. Les plus fameuses sont, bien sûr, les *Makondes*. Ces enchevêtrements de figurines forment approximativement un cylindre, et sont sculptés à partir d'un unique rondin d'ébène. Fruit d'un travail long et minutieux, une pièce authentique est absolument unique, et marquée du style particulier d'un artiste. Son prix varie selon la taille. Les plus rares peuvent atteindre de gros montants. Les *Makondes* ont, entre autres particularités, celle d'enterrer leurs morts en position verticale, et c'est encore parfois vrai de nos jours. De même les personnages de leurs statues sont représentés ou bien debout, ou bien en position de mouvement figé. Beaucoup plus simples sont les peignes en bois sculptés, savamment décorés ; on les trouve en grand nombre.

FESTIVITÉS

Janvier

■ **REVOLUTION DAY**
ZANZIBAR TOWN
Le 12 janvier, jour de la Révolution à Zanzibar en 1964, on peut entendre à minuit des coups de pistolet tirés en l'air, coups de canon symboliques et corne tonitruante des bateaux dans le port de Stone Town.

Février

■ **SAUTI ZA BUSARA**
ZANZIBAR TOWN
www.busaramusic.org
journey@busara.or.tz
Le festival international de musique de Zanzibar, Sauti za Busara, se tient chaque année mi-février et dure 4 jours. Musiques traditionnelles (taarab, ngoma, etc.) et urbaines y sont représentées par plus de 40 formations internationales invitées. Outre des groupes africains, l'organisation invite aussi des artistes européens. Concerts gratuits jusque tard dans la nuit…

Mars

■ **KILIMANDJARO MARATHON**
MOSHI
www.kilimanjaromarathon.com
info@kilimanjaromarathon.com
Ce marathon se tient chaque premier week-end de mars. Avec 4 000 coureurs, pour 40 nationalités représentées, cette course est le plus grand événement sportif de Tanzanie, tous sports confondus. Au pied du point culminant du continent africain (5 895 mètres), les coureurs en prennent plein les yeux. Ils ont droit à une vue imprenable sur les glaces du « Kili », après dissipation des nuages. Malgré les horaires de départ (6h30 pour le marathon, 7h pour le semi-marathon), les participants n'échappent pas à la chaleur. Pour les premières places, la guerre fait rage entre les Kenyans et les Tanzaniens. Dans les tribunes aussi, l'ambiance est chaude…

Juillet

■ **MWAKA KOGWA**
MAKUNDUCHI
C'est à Makunduchi dans le sud de l'île, que cette cérémonie qui célèbre le nouvel an perse est la plus importante. Ici elle est mélangée d'un syncrétisme bantou, avec la croyance aux esprits bons et mauvais et aux ancêtres. Ce jour-là, tout est permis. La journée, les hommes portent des costumes les plus improbables : maillots de foot, manteaux, masques de Spiderman, perruques et habits de femme... La fête est déjantée, dans cet esprit de purification.
Les rituels privés de combat avec les esprits ont lieu en parallèle des publics, porte close. La nuit durant le Mwaka Kogwa, le vin de palme coule à flots dans les discothèques.

ZANZIBAR INTERNATIONAL FILM FESTIVAL

ZANZIBAR TOWN
✆ +255 773 411 499
www.ziff.or.tz
ziff@ziff.or.tz
Durant dix jours au cœur de juillet, Zanzibar fête le cinéma à Stone Town. On célèbre les arts et cultures du continent africain mais aussi des pays du Golfe, d'Iran, d'Inde, du Pakistan, et des îles de l'océan Indien, collectivement connus comme les pays de dhows. Le Festival international du film est le noyau dur de la manifestation avec des séances programmées dans les grands hôtels de la ville et dans des lieux symboliques comme le vieux fort. Les fictions et les documentaires postulent pour les Dhow Awards d'or et d'argent. On retrouve aussi de la musique, des performances scéniques (danse...) et diverses autres exhibitions.

Septembre

FOUR CORNERS CULTURAL PROGRAMME FESTIVAL (4CCP)

✆ +255 785 412 461
4ccp.org
programs@4ccp.org
A 300 km au sud-ouest d'Arusha, dans le district de Manyara, le centre culturel de la petite ville d'Haydom organise en septembre un festival interculturel pour célébrer la diversité ethnique de la Tanzanie. Les cultures bantoue, khoïsan, nilo-saharienne et afro-asiatique sont mises en avant pendant quatre jours à travers des concerts, des démonstrations de jeux traditionnels ou encore des spectacles de danse.

TANZACAT REGATE

Cette régate de bateaux a lieu principalement à Dar es Salaam, mais elle compte un raid aller-retour pour Zanzibar (le Zanzibar Raid) : l'occasion de voir les bateaux arriver sur la côte occidentale de l'île et de les voir repartir dans le sens retour. Pour les dates, se renseigner sur la page Facebook de l'événement.

Octobre

DIWALI

Le « festival des lumières » hindouiste, Diwali ou Divali, est célébré principalement au Népal et en Inde. En raison de l'importante communauté indienne à Zanzibar, il est aussi fêté sur l'île et à Dar es Salaam. Ce jour-là, on s'offre des cadeaux, des feux d'artifice sont tirés dans le ciel, des pétards et feux de Bingale illuminent la nuit. Elle se termine par une grande parade de lanternes.

© JUAN LLOMPART

Plage de l'île de Misali.

CUISINE LOCALE

Produits et spécialités

Fruits et légumes. La Tanzanie produit tous les fruits (sauf les pommes en raison des saisons) et légumes (notamment courgettes, aubergines...) ouest-européens, et y ajoute les siens beaucoup plus exotiques, tels ces fruits que notre langue, faute de mots, ne saurait nommer. Les oranges sont un peu particulières car acides. La multitude de variétés de bananes fait les délices des gourmands, tout comme les fruits de la passion, les mangues, les papayes, les ananas, les corossols ou anones (fruit rouge ou vert au goût acidulé, dont la peau semble faite d'écailles et de pics comme sur l'ananas, d'où son nom d'origine espagnole ; mais cette peau est très fine, et la chair, qui incorpore des graines, n'est pas fibreuse : en raison sans doute de l'aspect de cette chair, les Britanniques appellent ce fruit *custard apple*, c'est-à-dire pomme-crème anglaise), le tout au même prix qu'un simple bonbon.
Le raisin est rare car il n'est produit que dans la région de Dodoma depuis l'arrivée de missions catholiques. On trouve parfois dans quelques grandes villes des pommes importées d'Afrique du Sud, où le climat est plus proche du nôtre. Les crudités, contrairement à ce qu'on pourrait penser, ne posent pas de problème dans la mesure où elles sont lavées. Les cultures sont bien irriguées, et l'eau, qui fait joliment grossir les pastèques, est de bonne qualité. Le tout est de ne pas faire une consommation excessive de fruits ou de légumes crus.

Graines de roucou, Zanzibar Town.

Viande. Le veau n'est pas facile à trouver, mais en revanche le filet de bœuf est savoureux. La viande de porc est disponible, bien que ce soit un peu plus problématique sur la côte, en raison de la forte présence de l'islam. La charcuterie n'est vendue que dans les supérettes des grandes villes. Fabriquée au Kenya la plupart du temps, où la population d'origine européenne, beaucoup plus importante, crée une certaine demande, elle n'est pas exceptionnelle.

Boissons

Le Tanzanien, comme le touriste dans son lodge, carbure aux sodas des Coca-Cola et Pepsi Corporations, qui se livrent, particulièrement ici, une guerre commerciale féroce. Même en plein bush, l'épicerie

© HAILSHADOW – ISTOCKPHOTO

Brochettes à emporter sur le marché de Zanzibar Town.

locale aura ses caisses en bois ou crates de bouteilles de 0,33 l, que vous ne devrez pas oublier de rendre une fois vides.

- **Les bières** au malt produites dans les brasseries d'Arusha, Moshi ou Dar sont très appréciées aussi, notamment les Safari Lager, Serengeti, Castle, Ndovu, Kilimandjaro un peu plus amères, et les Tusker (brasserie de Nairobi), généralement en bouteilles de 0,5 l. On trouve aussi des Guinness produites sous licence au Kenya, ainsi que des canettes en provenance d'Afrique du Sud.
- **Les vins** bus dans le pays sont en général des vins de cépages sud-africains. En Tanzanie, on fait du vin à Dodoma.
- **Les eaux de source** se vendent en bouteilles plastique de 1 litre ou 1 litre et demi ; ce sont la plupart du temps des eaux du Kilimandjaro (ne vous avisez pas pour autant d'aller boire directement dans ses torrents). Vous trouverez ces boissons ainsi que tous les alcools occidentaux dans les hôtels, les lodges et les bons camps. Au Kilimandjaro, chez les Chaggas, nous vous recommandons la bière de banane, ou mzimbe, très exotique.
- **Le thé (chaï)** est bu en général au lait et très sucré, à moins que vous ne demandiez un chaï kavu (nature). Il coûte environ 400 TSH dans les bistrots locaux.
- **Le café** servi dans le pays est la plupart du temps du café arabica soluble produit dans le pays, bien que le café en poudre se trouve dans les bonnes boutiques.

Habitudes alimentaires

Il y a deux types de restauration possibles en Tanzanie : le restaurant officiel, et l'officieux sur le trottoir. Dans le premier, pas de soucis : on s'assoit et on mange comme dans n'importe quel autre restaurant du monde. Pour le second, ce sont des femmes qui font cuire des bananes ou des cassavas (pommes de terre locales) et que l'on achète à l'unité 200 TSH. On peut manger en Tanzanie à n'importe quelle heure. Le rituel reste identique à l'Europe avec trois repas quotidiens.

Athlétisme

Comme leurs voisins du Kenya et de l'Ethiopie, les Tanzaniens sont bons en course de fond. Toutefois un peu moins, car ici la culture de la course n'est pas omniprésente, et les effectifs de coureurs sont maigres. Les médailles sont rares : seulement deux en argent dans l'histoire des JO (à Moscou en 1980), et une en argent dans celle des championnats du monde (le marathon hommes en 2005). Dans l'ensemble, on a pu compter quelques professionnels ces dernières années : John Yuda (recordman national des 5 000 et 10 000 m et vice-champion du monde de cross en 2002), Fabiano Joseph (champion du monde 2005 de semi-marathon), Samson Ramadhani (recordman national du marathon en 2 heures et 8 minutes, vainqueur des Jeux du Commonwealth sur cette distance en 2006), et Christopher Isegwe (vice-champion du monde en 2005 en marathon). L'athlétisme tanzanien fait actuellement grise mine malgré une belle 5e place décrochée au marathon des Jeux olympiques de Rio en 2016 par Alphonce Felix Simbu.

Boxe

La boxe tanzanienne était à son firmament dans les années 1970. Depuis, plus grand-chose... Mais de jeunes pousses ont obtenu de bons résultats ces derniers temps, de quoi redorer le blason d'une discipline qui passionne les foules. Un peu comme le catch à la télévision que les Tanzaniens aiment regarder.

Cricket

Il est très pratiqué par les communautés d'origine indo-pakistanaise

Plongeur prêt à découvrir les fonds marins de Zanzibar, Zanzibar Town.

© Tiger_barb – iStockphoto

Plongée dans les eaux turquoise de Zanzibar, Zanzibar Town.

qui organisent d'ailleurs un mini-championnat national et des matches amicaux.

Football

Le football est le sport national, dont tous les Tanzaniens sont friands. Dès la fin de l'école, les jeunes se précipitent sur un ballon qu'ils ont, la plupart du temps, bricolé eux-mêmes avec du papier et du scotch. Si la sélection nationale, les Taifa Stars (les Stars de la Nation), n'est pas très prolifique, échouant systématiquement à se qualifier pour la Coupe du monde, les Tanzaniens ne loupent jamais les matches de la Premier League anglaise qui regorge de stars africaines du ballon rond.

Plongée sous-marine

La Tanzanie est une destination en vogue pour la plongée, avec une densité et une visibilité sous-marine exceptionnelles. La plongée de nuit est possible. Les eaux des trois grandes îles (Zanzibar, Pemba et Mafia) supportent aisément la comparaison avec celles des Maldives ; quand l'eau est trouble, on y voit à 20 m. C'est justement le moment d'en profiter avant que la foule des autres destinations mondiales n'arrive. Si vous souhaitez aller au-delà de la simple observation avec masque et palmes (snorkeling), que presque tous les hôtels de plage proposent pour quelques milliers de TSH, il est vivement recommandé d'aller voir avec des bouteilles du côté du récif corallien. Vous y trouverez des tombants de plusieurs dizaines de mètres, d'incroyables variétés de coraux avec des passes et des canyons, toutes sortes d'anémones et d'éponges (dont certaines, en gobelets, font 1,5 m de haut), des tortues de mer, des centaines d'espèces de poissons en tout genre, et même des espèces pélagiques. Dans l'archipel de Zanzibar, ce récif est souvent très proche du rivage ; sur la côte continentale, il est distant d'un à quelques miles.

ENFANTS DU PAYS

John Stephen Akhwari

Il a écrit l'une des plus belles pages de l'olympisme, lors des Jeux olympiques de Mexico en 1968, quand il a franchi la ligne d'arrivée du marathon une heure après le vainqueur, en dernière position. Il avouera plus tard ne pas avoir abandonné car son pays ne l'avait pas envoyé à Mexico pour débuter la course, mais pour la finir. A son retour, il sera élevé au rang de héros national.

Freddie Mercury

De son vrai nom Farouk Bulsara, il fut le chanteur du mythique groupe Queen. Né à Zanzibar le 5 septembre 1946, ses parents avaient émigré d'Inde pour travailler pour le gouvernement britannique. Zanzibar était en effet sous contrôle anglais à l'époque. Freddie a grandi dans la maison familiale qui est aujourd'hui celle du Zanzibar Gallery Shop, sur Kenyatta Road. A 7 ans, ses parents l'envoient étudier en Inde. Il fait des allers-retours entre l'île et le continent.

Quelques années avant la révolution de 1964, ses parents partent vivre en Grande-Bretagne. Freddie Mercury y découvre la musique. C'est le début de sa grande carrière internationale, en tant que chanteur du groupe de rock Queen. En 1991, à 45 ans, il meurt, victime du virus du sida. Aujourd'hui, ses fans viennent du monde entier jusqu'à Zanzibar fouler les pas de leur idole, que Zanzibar qualifie comme « son fils le plus connu ».

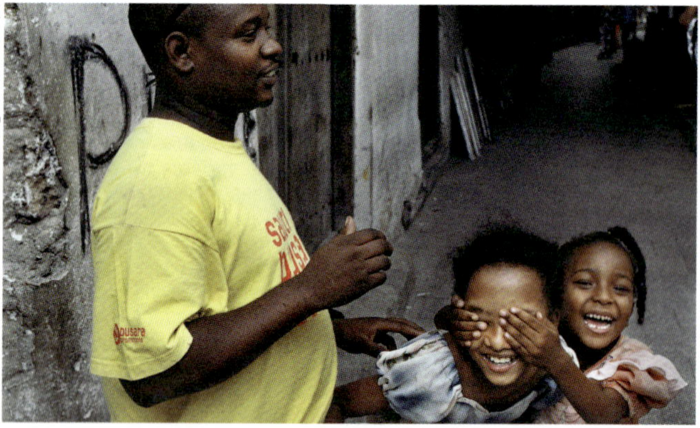

Joie de vivre enfantine dans les rues de Zanzibar Town.

Enfants assis sur un bateau de pêche, Zanzibar Town.

Julius Nyerere

Il est appelé le « Mwalimu » par les Tanzaniens, autrement dit le professeur. Après des études en Grande-Bretagne, il rejoint son pays où il aide à l'indépendance du Tanganyika, acquise en 1961. Fondateur du premier parti politique du Tanganyika, il est un temps Premier ministre avant de prendre la tête du pays l'année suivante. Avec l'union de Zanzibar en 1964, Nyerere devient officiellement le président de la Tanzanie, un siège qu'il gardera jusqu'au milieu des années 1980. Nyerere est aussi connu comme une grande figure du panafricanisme, mouvement de pensée prônant une union continentale africaine, avant son décès en 1999.

Bi Kidude

Elle a marqué les esprits par sa longévité (elle était vraisemblablement centenaire à sa mort en 2013) et son talent de musicienne. Elle a incarné mieux que quiconque le taarab pendant plus de 80 ans, notamment en raison des sonorités de sa voix si particulière. Native de Zanzibar, elle n'a quitté l'archipel que le temps de ses concerts. En 2005, elle a reçu un trophée d'honneur au festival Womex, qui réunit l'ensemble des professionnels des musiques du monde.

Edward Saidi Tinga Tinga

Il fut le chef de file d'un courant artistique de peinture, actif à Dar es Salaam, et qui commence à exposer et à très bien vendre en Occident et au Japon. Né dans un village makonde près de la frontière avec le Mozambique, Tinga Tinga étudia brièvement à l'école de missionnaires et travailla dans une plantation de sisal jusqu'à l'âge de 18 ans. Il s'engagea ensuite comme domestique chez un fonctionnaire britannique de Dar es Salaam. Il perdit son emploi lors de l'indépendance, en 1961, et se mit alors à peindre, jusqu'à sa mort prématurée en 1972, soit à seulement 35 ans.

Autour du cratère de NGorongoro, Ngorongoro Conservation Area.

VISITE

PARCS DU NORD ET KILIMANDJARO

ARUSHA ★

Arusha n'était au début du XXe siècle qu'une petite ville de garnison allemande. La ville doit son nom à la tribu qui habitait la région à l'arrivée des premiers Occidentaux : apparentée aux Maasaïs, elle accomplit cependant la transition du pastoralisme nomade aux cultures. La région ne fut en fait conquise, aux dépens de ces guerriers, par les troupes allemandes aidées de supplétifs chaggas du Kilimandjaro qu'après de rudes combats en 1896. Le village d'origine, composé de cases et de greniers au milieu de plantations de bananiers, fut détruit et toutes les armes traditionnelles confisquées.

© BLACK SHEEP MEDIA / SHUTTERSTOCK.COM

Magasin de textile à Arusha.

Les Wa-Arushas durent notamment construire eux-mêmes la Boma, le fort allemand, achevé en 1899 et toujours visible en partie aujourd'hui, hébergeant une unité de 150 soldats et symbolisant la mainmise germanique sur le territoire de cette région.

Ses atouts. L'installation par l'ONU du Tribunal pénal international pour le Rwanda (TPIR) en novembre 1994 à Arusha a radicalement transformé le statut de la ville, qui s'est peu à peu positionnée comme la dauphine de Dar es Salaam sur le plan économique. Le prix de l'immobilier a grimpé et continue de grimper. Les perspectives de croissance sont plus incertaines depuis la fermeture du TPIR le 31 décembre 2015 et le départ du millier de personnes pouvant y travailler, mais les chantiers continuent malgré tout de se multiplier. Il n'y a qu'à lever les yeux, les bureaux d'affaires poussent ici comme des champignons. Après le complexe Njiro au sud-est, un autre grand centre commercial à l'occidentale a vu le jour en direction de l'aéroport, le Aim Mall. Arusha se développe à présent selon un modèle vertical avec les banques et les hôtels. On trouve près de la Clock Tower, en centre-ville, et dans le quartier colonial, les hôtels les plus chers, à plusieurs centaines de dollars la nuit.

© STEPHAN SZEREMETA

Arusha.

Avec son centre de conférences, le Arusha International Conferences Center (AICC), la ville accueille en permanence des congrès et séminaires internationaux. Mais l'activité phare d'Arusha, ce sont évidemment les safaris, avec plus de 300 compagnies présentes sur ce juteux marché. La ville est le point de départ quasi obligé vers les parcs nationaux du nord (Serengeti, Ngorongoro et lac Manyara). Arusha possède un petit aéroport mais la plupart des touristes se posent au Kilimanjaro International Airport, à 50 km, ou à Nairobi, qui n'est qu'à 5 heures de route de là. Les expéditions en haute montagne font aussi un carton, avec le Kilimandjaro, le toit de l'Afrique (5 895 m), et le mont Meru (4 562 m).

Arusha au quotidien. Le jour, la rue principale, la Sokoine Road, est envahie par des flots de véhicules multicolores, de camions, de bus et de piétons, qui tous semblent converger pour échanger fruits, sacs de riz, de maïs ou de haricots, vêtements d'occasion, pièces mécaniques, ou chaussures en caoutchouc de pneu. Des portefaix tirent ou poussent, en suant sang et eau, des carrioles surchargées, des femmes en kanga ploient sous d'énormes paniers chargés des produits cultivés dans les champs familiaux autour de la ville, et sur les terres fertiles, arrosées par de nombreuses rivières, qui sont au pied du mont Meru. Les fundi, ou artisans, des menuisiers-ébénistes aux mécaniciens ou aux tailleurs, s'alignent par spécialité sur les bords des routes. Ils vivent ainsi dehors en permanence, et s'affairent à leurs tâches tout en attendant que de nouveaux clients viennent leur apporter de quoi continuer leur labeur.

A vrai dire, Arusha ne propose au visiteur aucune curiosité palpitante. Il est cependant possible d'aller à la rencontre de la culture maasaï en passant un ou deux jours avec eux dans des villages des environs plus ou moins lointains.

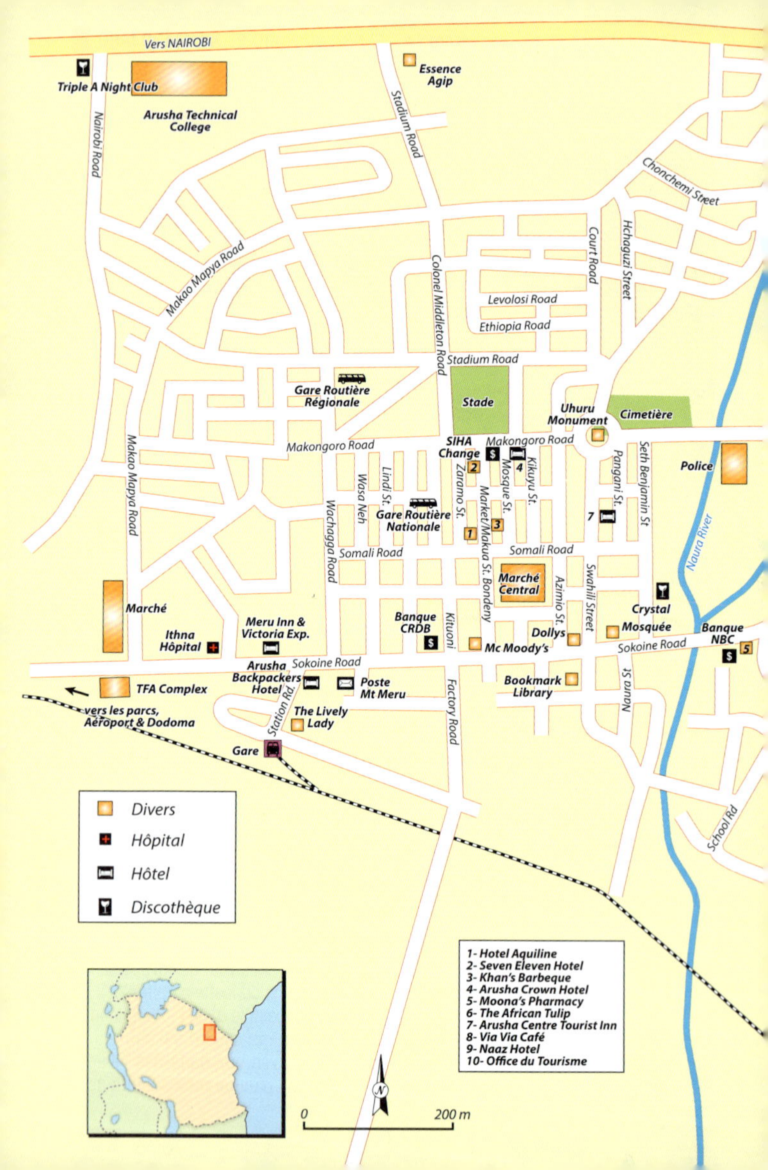

Vers NAIROBI
Triple A Night Club
Arusha Technical College
Essence Agip
Nairobi Road
Stadium Road
Chonchemi Street
Makao Mapya Road
Court Road
Hchaguzi Street
Colonel Middleton Road
Levolosi Road
Ethiopia Road
Stadium Road
Gare Routière Régionale
Stade
Uhuru Monument
Cimetière
Makongoro Road
SIHA Change
Makongoro Road
Police
Makao Mapya Road
Wasa Neh
Lindi St.
Zaramo St.
Mosque St.
Kikuyu St.
Pangani St.
Seth Benjamin St
Gare Routière Nationale
Market/Makua St. Bondeny
Wachagga Road
Somali Road
Somali Road
Naura River
Marché Central
Azimio St.
Swahili Street
Crystal
Marché
Ithna Hôpital
Meru Inn & Victoria Exp.
Banque CRDB
Kituoni
Dollys
Mosquée
Banque NBC
Mc Moody's
Sokoine Road
Sokoine Road
Arusha Backpackers Hotel
Poste Mt Meru
TFA Complex
Factory Road
Bookmark Library
Nanna St
vers les parcs, Aéroport & Dodoma
Station Rd.
The Lively Lady
Gare
School Rd
Divers
Hôpital
Hôtel
Discothèque
1- Hotel Aquiline
2- Seven Eleven Hotel
3- Khan's Barbeque
4- Arusha Crown Hotel
5- Moona's Pharmacy
6- The African Tulip
7- Arusha Centre Tourist Inn
8- Via Via Café
9- Naaz Hotel
10- Office du Tourisme
N
0
200 m

Arusha
vers USA river
Kilimanjaro Airport (42 km)
& Mt Meru & PN d'Arusha
Vers MOSHI, DAR-ES-SALAAM
Mount Meru Hotel
Goliondoi River
Themi River
Court Road
Mont Meru
Hôpital
Road
Centre de
Conférence
(AICC)
Immigration
Offices
Shidolya
Tours
Afrika Mashariki
Regional
Headquarters
8
New Safari Hotel
10
Boma road
Tanganyika
Gems
9
Téléphone
Poste
Clock Tower
Themi Street
Arusha
Hotel
Themi Living
Garden
TapaSafari
Kanisa Road
Kaunda Road
Sports Grounds
Le Patio
Haile Selassié Road
Simeon Road
Simeon Road
The Blue Heron
Old Moshi Road
AICC
Hôpital
Kibo Palace
Hotel
Jaracanda
Spices & Herbs
Roy
Safari
6
River Road
Barclay's
Impala
Hotel
Old Moshi Road
Serengeti Road
Pamoja Lodge
Club de
Sports
Outpost
Hotel
Njiro Road
vers Masai Camp
& Stiggy's
vers Njiro Complex

LES ENVIRONS D'ARUSHA

Il y a une quantité d'excursions à faire dans les environs d'Arusha. En dehors des traditionnelles visites et ascensions du Parc national d'Arusha et du Mont Meru, et afin de ne pas quitter la Tanzanie en n'ayant vu que ses animaux et pas assez ses habitants et leur mode de vie, l'Office tanzanien du tourisme (TTB) propose avec le Programme national de tourisme culturel des visites fort instructives dans des villages un peu à l'écart des villes, sur des itinéraires qui peuvent prendre d'une demi-journée à quelques jours : de l'artisanat à la médecine traditionnelle à base d'herbes et de plantes en passant par l'élevage ou les plantations, tour à tour sont évoqués tous les aspects de la culture maasaï. Nous vous recommandons cinq de ces visites dans les villages de Ng'iresi, de Mulala, de Longido, de Babati et d'Engaruka.

Ng'iresi

A 7 km au-dessus d'Arusha, sur les pentes du mont Meru, se trouve le village de Ng'iresi où, avec le soutien de l'office du tourisme, sont établis divers projets de développement : en allant visiter la forêt, les fermes, les guérisseurs et les villages, vous aidez au financement de l'école ou à un système d'irrigation. Cette visite est non seulement l'occasion d'approcher la culture traditionnelle des Wa-arushas – des pasteurs maasaïs ayant abandonné l'élevage pour l'agriculture, mais aussi de randonner dans une très belle forêt avec cascades naturelles jusqu'au sommet de l'ancien volcan de Kivesi.

Mulala

A 30 km à l'est d'Arusha, en prenant la route du Dik-Dik Hotel à gauche juste avant Usa River, puis la direction de la Ngoni Cooperative Society, on atteint le village de Mulala où on peut visiter des plantations de café et de bananes, voir la fabrication de fromage et de pain, rencontrer le guérisseur du coin, contempler par beau temps le mont Meru et le Kilimandjaro, se promener près de la Marisha River...

Longido ★

A 80 km au nord d'Arusha (1h30 de route), en direction de Namanga et du Kenya, siège le village de Longido, au pied de la montagne du même nom. Pendant la Première Guerre mondiale, les Allemands en firent un poste militaire stratégique pour empêcher les troupes britanniques du Kenya de pénétrer en Tanzanie. Ils furent vaincus en 1916, mais un tireur d'élite allemand continua à sévir pendant quelque temps dans la montagne au-dessus du village, tuant pas mal d'Anglais jusqu'à ce qu'un Maasaï le découvre et le transperce de sa lance. Authentique...

Babati

A 172 km au sud-ouest d'Arusha se niche la bourgade de Babati, sur la route rejoignant Dodoma (dans la vallée du Grand Rift), au sud du Parc national du Manyara et à l'est du Parc national de Tarangire. Le village sert de base aux excursions culturelles ou sportives, comme la visite de sites importants de peintures rupestres à Kondoa (1h30 de route, 100 km) ou l'ascension du mont Hanang (4 317 m). L'argent récolté sert au développement des communautés. On peut y aller en dala dala depuis Arusha.

Arusha National Park
Little Meru
3820 m.
Rhino Point
Saddle Hut
4565 m.
Cratère du Meru
Kitoto
Njeku
Rivière Ngara Nanyuki
Tulusia Hill
Chutes
Momela
Rest House
Momela Game Lodge
vers Ngare Nanyuki
Lacs de Momela
Marais de Lendoiya
Marais de Kinandia
Senato Pools
Marais de Lokie
Serengeti Ndogo
Cratère de Ngurdoto
vers Arusha
Limite du parc
Route en terre
Piste
Q.G. du parc
Camp Sites
N
2 Km.

Arusha National Park ★

Créé en 1960, ce superbe parc national de 137 km², dont l'entrée est à une heure seulement du centre-ville (32 km) est couvert principalement de forêts très sauvages et assez denses. Appelé à l'origine le Ngurdoto Crater National Park, il prit le nom d'Arusha en 1967, lors de l'inclusion du mont Meru. Le parc est fameux pour ses très nombreuses variétés d'arbres, ainsi que pour les non moins nombreuses espèces d'oiseaux qui l'habitent : flamants roses, pélicans, ibis, touracos, aigles couronnés, aigles pêcheurs, aigles de Verreaux, sans oublier une multitude d'oiseaux, sans oublier une multitude de petits oiseaux méconnus du grand public, que des chercheurs viennent étudier pendant des années. Il abrite également girafes, zèbres, cobes, phacochères, buffles, éléphants, singes colobes, hippopotames, léopards… Divisé en trois zones, le parc comporte, au sud-est, la région du cratère de Ngurdoto, d'un diamètre d'environ 3 km, qu'on ne peut contempler que d'en haut, et qui ressemble à un Ngorongoro en miniature, sauf que les rhinocéros ont été complètement exterminés de la région par la chasse, puis par le braconnage. Faites attention lorsque vous descendez au viewpoint, l'endroit est habité par de nombreux buffles. Au nord-est, les lacs alcalins de Momela offrent une vue superbe sur le Kilimandjaro. Ce coin est habité entre autres par un très grand nombre d'oiseaux, notamment par des colonies de flamants roses. Entre ces deux premières zones, on passe par plusieurs mares où la faune, en particulier les volatiles, est abondante. Enfin, la troisième zone est celle du volcan Meru et des collines de Kitoto. Les torrents y sont nombreux, la montagne ruisselante et la forêt densément peuplée. Si vous n'en faites pas l'ascension, allez au moins faire un petit safari à pied avec un ranger aux chutes de Momela (1 heure aller-retour) à droite du grand acacia jaune dressé contre la première falaise. Si vous avez un 4x4, prenez la piste d'accès au plateau du cratère, vraiment superbe (le trek l'emporte à la montée).

Mont Meru ★★

Le mont Meru est un superbe volcan de 4 566 m d'altitude et d'une vingtaine de kilomètres de circonférence à sa base. Ouvert en direction de l'est, sur une grande moitié, par un immense cratère résultant d'une gigantesque explosion. Du cratère à l'arête demi-circulaire du sommet, l'explosion a laissé des murs de plus de 2 000 m de hauteur. Au milieu, s'élève un cône de lave impressionnant, presque parfaitement circulaire, datant des dernières éruptions, à la fin du XIXe siècle. Ce volcan est loin d'être endormi, puisque des fumées y ont été observées dans les années 1940 et que des sources d'eau chaude en jaillissent. C'est le cinquième plus haut sommet africain, après le Kilimandjaro (5 895 m), le mont Kenya (5 199 m), le Mawenzi (5 149 m, sommet secondaire du Kilimandjaro) et le Rwenzori (5 109 m, à la frontière de la République démocratique du Congo et de l'Ouganda). Le volcan, rebaptisé un moment « Pic socialiste », porte le nom de l'ethnie bantouz qui habite la plaine à son pied, du côté nord-est : les Wamerus.

L'ascension

Le mont Meru offre une très belle voie de trek, qui se fait généralement en 3 jours, sinon en 4. Le trek ne représente aucune difficulté technique et absolument aucun danger objectif tant que l'on suit la voie normale en simple marche, et que l'on ne perd pas son guide, ce que ne firent pas deux étudiants en décembre 1995, qui, après s'être égarés, chutèrent, se brisèrent les jambes et moururent de froid dans la nuit. Des sportifs entraînés à l'effort en haute altitude peuvent gravir ce sommet très intéressant en 2 jours, en groupant les étapes 1 et 2. L'ascension doit être réservée à l'avance auprès du parc, car il est obligatoire d'acquitter les taxes en vigueur et de partir avec un guide armé, du fait de la présence sur les pentes de buffles, d'éléphants et de léopards. Il est conseillé de s'assurer également les services d'un cuisinier qui se chargera aussi de porter la nourriture et l'eau potable pour la durée du trek. Pour assurer la réussite de votre ascension, le mieux est de passer par une agence qui s'occupera de toute l'organisation, du transport, du ravitaillement... Attention, contrairement aux refuges gardés des montagnes européennes, ceux d'ici ne proposent pas de repas ni de matériel de cuisine. A moins de disposer d'au moins 3 ou 4 jours pour se reposer entre-temps, ne considérez en tout cas pas cette ascension comme une préparation au Kilimandjaro, parce qu'elle est assez fatiguante, et parce que les mécanismes d'acclimatation ne jouent de façon sensible qu'au bout de 4 à 8 jours en altitude. Au sommet, la pression atmosphérique et la quantité d'oxygène ne représentent que 56 % de celles du niveau de la mer. Boire environ 4 litres par jour pendant l'ascension peut cependant aider fortement l'irrigation de tous les organes et l'oxygénation, et réduire les risques du mal des montagnes,

VERS LE LAC NATRON

Engaruka

A 180 km au nord-ouest d'Arusha, à mi-chemin entre les lacs Manyara et Natron, sur les contreforts du cratère de Ngorongoro, se blottit le village d'Engaruka. On y organise la visite d'un des plus vieux systèmes africains d'irrigation, d'un marché de zébu, de boma, la participation à la vie communautaire et des safaris à pied. Le lieu est loin, mais assez exceptionnel.

Blotti contre le grand escarpement sur un torrent permanent, Engaruka reste un mystère pour les archéologues contemporains. On y trouve en effet des habitations de pierre, de forme carrée, et tout un système ingénieux et gigantesque d'irrigation, avec des canaux parfois surélevés de 3 m de hauteur. Datés du XVIIe siècle, ces témoignages d'une exceptionnelle maîtrise ne sauraient être attribués, à moins qu'il s'agisse d'une exception, aux tribus nilotes, bantoues, couchites et khoisans, qui se contentaient toutes au mieux de simples constructions en bois et en boue séchée. Cette cité disparue était, par ailleurs, située trop à l'écart des routes des grandes caravanes pour que l'on puisse l'attribuer aux Arabes, d'autant que la culture des champs ne faisait pas du tout partie de leurs occupations coutumières en Afrique noire.

Plusieurs hypothèses ont été avancées : Egyptiens ou Grecs venus il y a plus de 2 000 ans, Hollandais arrivés il y a plusieurs siècles, puis décimés par la maladie et exterminés par les Maasaïs, ou petit royaume africain rayonnant mais disparu, un peu comme le « Grand Zimbabwe » des Bantous shona, éteint dès le XVIe siècle. L'appauvrissement de la cité aurait pu être dû à une sécheresse exceptionnellement sévère et durable, à la disparition des arbres (acacias et mopanés) qui servaient à chauffer la pierre avant de la faire éclater en versant sur elle de l'eau froide, à l'exténuation des terres due à la surexploitation et à l'érosion, à la domination de tout le commerce par les Portugais, à une épidémie, à une guerre ou, plus probablement, à plusieurs de ces facteurs réunis. La date de l'abandon de la cité, avec ses ruelles, ses longs canaux d'irrigation soigneusement construits et tous ses champs entourés de retenues, remonte en tout cas à l'époque de l'arrivée, dans le nord-est de la Tanzanie actuelle, des Barabaigs (ou Tatogs) et des Maasaïs dont on sait qu'ils conquirent, sans forte opposition, toutes ces terres pour leurs troupeaux, repoussant plus au sud les ethnies installées depuis quelques milliers d'années. Des fragments de poterie, contenant autrefois du sorgho, ont été retrouvés et datés mais on n'a pas su les attribuer. On sait également que les mystérieux bâtisseurs élevaient du bétail, non pas de manière extensive mais dans des sortes d'étables. On suppose que si certains survécurent, ils furent dispersés et se mélangèrent aux ethnies environnantes, notamment des Wa-Arushas et des Sonjos, ces derniers étant les seuls Bantous de toute la région à connaître quelques rudiments de techniques d'irrigation, mais uniquement avec des fossés en terre et sur des surfaces bien moindres. L'analyse des découvertes effectuées lors des fouilles a montré que les habitants d'Engaruka pratiquaient une agriculture ultra-spécialisée, et donc fortement sensible aux aléas climatiques (les pluies annuelles dans la région ne dépassent pas de toute manière les 250 mm) et, dans une certaine mesure aussi, aux aléas volcaniques, puisque de nombreuses épaisseurs de cendre, sans doute en provenance du Ol Doinyo Lengai voisin, ont été retrouvées.

Ol Doinyo Lengai ★

Le village d'Engaresero (ou Ngare Seru) sur la route entre Engaruka et le lac Natron est la base de l'ascension de la montagne conique qui se repère de loin, mais aussi la base des excursions proposées autour du lac Natron par la communauté maasaï. Village vivant où pullulent piki-piki, petits commerces en tôles, enfants jouant sous les acacias, yoyas maasaï tentant de vendre quelques bijoux, une école que vous pouvez visiter avec votre guide en journée au passage et une poignée de bars pour sortir le soir et découvrir la vie nocturne locale. Ol Doinyo Lengaï domine le lac Natron de ses 2 878 m et se détache dans le paysage de savane, souvent escortée de nuages blancs apparaissant comme des volutes de fumée épaisses (mais ce sont bien des nuages aujourd'hui). C'est une montagne à peu près circulaire à l'aspect conique à l'horizon comme tout volcan, mais en réalité aux pentes concaves (donc de plus en plus raides). Sur les pentes inférieures, vous verrez peut-être des hyènes ou des oréotragues (petites antilopes africaines). Sur la crête, de laquelle se dégage une superbe vue sur ce cratère de 500 m de diamètre, apparaissent des fissures verdâtres ou jaunes laissant échapper des fumées chargées de soufre.

L'ascension. Elle se prépare à Engaresero, là où le bureau des guides et des rangers se trouve, mais les agences d'Arusha la proposent aussi avec les transferts en 4x4 inclus (mais c'est plus cher). La montée et la descente se font en 4 à 5 heures dans chaque sens à un rythme très moyen. Il n'est absolument pas nécessaire d'emporter une corde pour escalader le Ol Doinyo Lengaï, il faut simplement être en bonne forme et ne pas avoir de problèmes respiratoires. L'effort en vaut vraiment la peine. Si vous désirez cuisiner là-haut, il faut emporter du combustible et pas mal d'équipement, il serait peut-être plus simple de vous contenter de sandwichs. Il est souvent d'usage de partir en pleine nuit vers 1h du matin pour contempler le lever du jour du haut de la montagne sur la plaine, magique ! Mais aussi pour éviter la chaleur accablante de la journée pendant l'ascension.

Lake Natron ★

Natron signifie soude. Le PH de ce lac est en effet supérieur à 10. Il est alimenté en particulier par les eaux qui descendent du grand escarpement (le Grand Rift) et par les eaux de ruissellement descendant du Ol Doinyo Lengai, chargées de sodium, de soufre et de calcium. La région est très chaude et aride, jusqu'à 45 °C dans la journée, car on se trouve seulement à un peu plus de 700 m d'altitude, ce qui est peu, comparé aux 3 600 m de certains volcans voisins au sud, et aux 1 300 m à 1 400 m du Serengeti. Le lac étant de plus très peu profond, son évaporation est intense, ce qui en augmente encore la concentration saline. Les bords du lac Natron sont très riches en oiseaux de toutes sortes, notamment des millions de flamants qui y viennent pour se nourrir et boire, mais aussi pour la nidification, la boue du lac empêchant les prédateurs de venir les déranger, eux et leurs œufs. Les flamants se déplacent volontiers d'un endroit à l'autre du lac, ou même d'un lac à un autre. Si vous êtes en avion, un survol à basse altitude peut être passionnant, notamment dans le nord, où, en plus des taches roses des colonies de flamants, on peut observer des concrétions minérales rouges dans le lac, inaccessibles par la terre. Les abords du lac sont dangereux en véhicule, car la croûte asséchée par le soleil est très superficielle et peut s'effondrer à tout moment. Si, malgré cet avertissement cela vous arrive, sachez que le camp de Kamakia dispose parfois d'un Land Rover antidiluvien qui pourra peut-être vous aider, mais négociez un prix au préalable. Mieux vaut accéder au lac à pied, et en vous faisant guider par un Maasaï du village pour éviter les zones boueuses infranchissables. A l'ouest du lac, sur la rivière Peninj, ont été découvertes des preuves significatives d'une occupation humaine datant de l'âge de pierre.

Le lac a fait beaucoup parler de lui ces dernières années en raison du projet industriel de l'Indien Tata qui souhaite construire une usine pour exploiter le soufre et le sodium présents dans les eaux.

GRANDS PARCS

Lorsqu'on quitte Arusha pour l'ouest et le sud-ouest, on emprunte la route qui traverse « le pays des Maasaïs ». De part et d'autre, les cultures de café et de maïs se succèdent ainsi que des galeries d'art maasaïs peu à peu transformées en boutiques, dont notamment le Cultural Heritage Shop qui vend toutes sortes de statuettes, masques et autres sculptures en bois. Un peu plus loin sur cette même route, vous apercevrez le lac Manyara.

À sa hauteur, une bifurcation : à l'ouest, la route des parcs Manyara, Ngorongoro, Serengeti, ainsi que la route du nord vers le village d'Engaruka, le volcan Ol Doinyo Lengai et le lac Natron ; au sud-ouest, la route du parc de Tarangire, du mont Hanang (3 417 m) et des peintures rupestres de Kolo et des environs.

Tarangire National Park ★★

Créé en 1970, sur 2 600 km², le parc du Tarangire est un parc absolument superbe, très accessible à partir d'Arusha (125 km sur une route parfaitement asphaltée, soit moins d'une heure et demie), et encore relativement peu visité à l'écart des circuits plus standard.

Dans une région de savane parsemée de termitières, d'acacias et d'assez nombreux baobabs, il est situé sur le chemin de la migration de nombreux animaux : son écosystème longe le grand rift jusqu'au lac Natron, en passant en particulier par Manyara. Ce parc est fameux pour ses éléphants et ses mouches tsé-tsé en période chaude, juste avant la saison des pluies, qui l'ont protégé de toute occupation humaine durable depuis toujours. Ceux qui y vivent actuellement sont donc généralement assez jeunes (20 ans en moyenne), et on estime que, dans 15 à 20 ans, on pourra à nouveau voir des spécimens avec des défenses de plus de 2 m traînant au sol... Ils sont en tout cas à présent en surpopulation relative : la végétation du parc est un peu ravagée, notamment les baobabs dont ils arrachent l'écorce (c'est alors que les termites attaquent, et transpercent l'arbre de part en part).

Attention, les éléphants ont gardé certains réflexes de contre-attaque vis-à-vis des véhicules, et la prudence est recommandée. Le parc abrite aussi de nombreux lions, des léopards, des guépards pas toujours faciles à voir à cause des herbes hautes, des troupeaux de buffles, des girafes, des phacochères, des désormais rarissimes lycaons, de très nombreux impalas, des cobes et, plus vers le sud des oryx et des petits koudous. L'avifaune est également très variée : vanneaux forgerons, huppe africaine, divers martins-pêcheurs, ombrettes, autruches, outardes de Kori, serpentaires, jabirus, tantales africains, marabout, vautours, aigles pêcheurs, bateleurs et ravisseurs...

SAFARI DANS LE TARANGIRE NATIONAL PARK ★★

Faune. Outre l'importante concentration d'éléphants, le parc abrite de nombreux lions, des léopards, des guépards pas toujours faciles à voir à

cause des herbes hautes, des troupeaux de buffles, des girafes, des phacochères, de désormais rarissimes lycaons, de très nombreux impalas, des cobes et, plus vers le sud, des oryx et des petits koudous. Les oiseaux y sont également très variés : vanneaux forgerons, huppe africaine, divers martins-pêcheurs, ombrettes, autruches, outardes de Kori, serpentaires, jabirus, tantales africains, marabouts, vautours, aigles pêcheurs, bateleurs et ravisseurs...

La piste principale du parc court du nord au sud, longeant la rivière Tarangire où les animaux descendent en général se rafraîchir dans la journée, avant de remonter dans les collines le soir. Le secteur situé tout au nord s'appelle Lemmiyon ; la faune y est souvent assez abondante mais relativement classique.

Plus vers le sud, le circuit de Burungi, puis la zone de Kitibong du côté ouest, sont souvent habités par de gros groupes d'éléphants ; du côté est, on va vers Matete. Le mieux est de commencer par longer la rivière dans tous les sens, jusqu'au poste de rangers de Kuro, d'où l'on pourra se diriger vers les marais de Larmakau, habités par de nombreux oiseaux, et où les lions attendent parfois les proies qui viennent y boire. Il reste encore toute la moitié sud du parc, mais elle n'est traversée que de très rares pistes, beaucoup moins bien entretenues. On dit que dans le sud, les animaux sont moins nombreux mais qu'il y a plus de spécimens rares. Attention aux risques d'ensablement lors des traversées de la rivière Tarangire : certains ont dû passer la nuit dans son lit (de la rivière). La meilleure saison pour visiter ce parc s'étend de la mi-août à la mi-décembre.

Mto Wa Mbu

Le village, que la route traverse avant l'entrée du parc Manyara et l'escarpement du Rift, dispose d'un joli marché, très renommé surtout pour ses innombrables fruits, dont différentes variétés de bananes et d'anones. On y trouve aussi de nombreux curio-shops, c'est-à-dire des boutiques d'artisanat, où quelques belles affaires sont toujours possibles (on peut diviser les prix par deux). Mto Wa Mbu signifie la rivière des moustiques : il y a bien une rivière, qui a inondé le village après un glissement de terrain en 1995, et qui permet de faire d'excellentes cultures en tout genre par irrigation, mais pas tellement de moustiques. Le village forme un melting-pot ethnique : il est peuplé par des ressortissants de nombreuses ethnies du nord de la Tanzanie, attirés notamment par la fertilité des terres et l'abondance de l'eau provenant des torrents.

Les amateurs pourront visiter la mission catholique, qui a construit dispensaires et écoles chez les Maasaïs de la vallée (de Manyara à Natron). Vous pouvez aussi louer des vélos, ou aller voir les pêcheurs et faire un tour en barque.

La falaise du grand rift au-dessus du village formait la frontière entre les plateaux des cultivateurs couchites iraqw et les plaines des pasteurs nilotes maasaïs, jusqu'à ce que la construction de la route, dans les années 1930, relie à Arusha les grandes plantations des Blancs installées près du Ngorongoro à Oldeani, Karatu et dans le cratère.

Manyara National Park ★★★

Créé en 1960, reconnu réserve mondiale de la biosphère en 1981, le parc couvre 330 km^2, dont 250 km^2 de lac. Mais avec les pluies torrentielles qui s'accentuent ces dernières années, le lac devrait peu à peu recouvrir l'ensemble du parc, ce qui obligera les autorités compétentes à le fermer ou à l'agrandir en englobant à l'avenir la forêt de Marang, plus au sud.

Situé à 950 m d'altitude, le Parc national du Manyara est enchâssé entre la falaise du Grand Rift et le lac alcalin qui lui a donné son nom. Manyara vient en effet du mot maasaï *emanyara*, cette feuille d'Euphorbes qu'on trouve tout autour du lac et dont les habitants se servent pour couvrir leur habitation traditionnelle (*boma*).

vers Ngorongoro
vers Arusha
Marera
Simba
MAHALI PA NYATI
0
5 km
Mchanga
Mkindu
Mare aux hippos
Msasa
Chemchem
Manyara National Park
Ndala
Bagaye
Lac
Manyara
MAJI MOTO NDOGO
(source d'eau chaude)
Endabash
Rift escarpement
MAJI MOTO
Yambi
entrée du parc
aire de campement
poste de rangers
aire de pique-nique
lodge
passage impraticable pendant les crues
principale piste du parc
piste praticable en toute saison
piste praticable par 4X4 seulement
cours d'eau

Visite. C'est une très bonne introduction aux parcs nationaux car on peut y observer, assez rapidement et sur une petite étendue, la plupart des animaux habituels, à l'exception du léopard et du guépard. On citera en particulier les flamants roses, qui forment d'immenses taches roses sur le lac, les pélicans, les cigognes en été, les cormorans, environ 350 espèces d'autres oiseaux, les babouins, les vervets, les girafes, les zèbres, les buffles, les hippopotames et les éléphants. Les lions ne sont pas toujours faciles à voir en raison de l'épaisseur de la forêt qui borde le bas de l'escarpement. C'est pourquoi, et c'est une des particularités du parc, ils se perchent dans de grands acacias pour mieux repérer leurs proies. Mais, contrairement aux nombreuses photos présentant ainsi le fauve dans le parc, il faut être chanceux pour l'observer sur une branche. Le parc est surtout parcouru par une piste nord-sud, avec parfois quelques voies parallèles surtout au début, qui offre une vue panoramique plongeante sur les rives du lac où se superposent flamants roses en arrière-plan, girafes, antilopes et zèbres au premier plan, formant une jolie carte postale d'arche de Noé. Ce parc peut faire l'objet d'une visite à la demi-journée ou à la journée, pour ceux qui ont du temps sur la route avant de visiter les parcs de Tarangire, Ngorongoro et Serengeti. Le meilleur moment pour le visiter est entre juin et octobre (saison sèche) pour avoir le plus de chance de voir les animaux se déplacer pour boire.

Activités. C'est l'un des parcs où les balades en canoë et les « walking safaris » sont privilégiés. Les activités sont réalisées avec des rangers, il faut réserver au préalable auprès de l'administration du parc.

Assez loin, vers le sud, se trouve une source d'eau chaude (*maji moto* en kiswahili) qui jaillit à environ 80 °C, riche

Girafes du Manyara National Park.

en sodium et en carbonate. Dans cette région, on observe très fréquemment des cyclones de poussière, peu dangereux, que les autochtones appellent « doigts du démon » car ils sont censés porter malheur.

Karatu

A 142 km d'Arusha, 25 km du parc Manyara et 20 km avant l'entrée de la zone de conservation du Ngorongoro, siège cette bourgade (20 000 habitants) sans intérêt particulier en dehors des grottes de Kambi ya Simba, profondes de 160 m, habitées par de nombreux insectes, porcs-épics et chauves-souris. Cependant, quelques agences de safaris y font dormir leur client pour profiter d'une journée pleine dans le cratère tout en économisant une entrée.

Lake Eyasi

A partir de Karatu, on peut se rendre au lac Eyasi, grande étendue alcaline, non loin duquel habitent les fameux Hadzas ou Khoisans. Les Khoisans descendraient des populations autochtones, qui, depuis les australopithèques d'Olduvai, auraient toujours habité la région. Ils ressemblent étrangement aux bushmen du Kalahari par leurs caractères physiques (ils sont petits, ont un derrière un peu gros, présentant même parfois des rétentions), par leurs langues (à clic) et par leur mode de vie. Ce sont des chasseurs et des cueilleurs : ils se nourrissent de baies sauvages, de racines (tubercules et bulbes) et de gibiers qu'ils chassent à l'arc. Ils habitent dans des huttes en terre battue ou, parfois, dans des demeures de type troglodytique, sous des rochers.

Les rebords du lac, notamment les falaises impressionnantes du grand escarpement, sont habités par des élans, des oréotragues, des babouins, des serpents… Au nord du lac, à Garusi, a été découvert un site préhistorique (outils et traces d'habitats humains), mais il n'y a pas grand-chose de visible. A 55 km au sud-est, au sud du lac, se trouve l'ancien fort de Mkaloma datant de l'époque des guerres coloniales. Dans la région de Mbulu, sur des hauts plateaux à plus de 2 000 m (le climat y est vraiment froid), habitent les agriculteurs et éleveurs iraqw ou burungis, qui sont des Couchites arrivés là il y a 5 000 ans environ. Leurs rituels de purification destinés à faire tomber la pluie sont étudiés de nos jours par les anthropologues.

Ngorongoro Conservation Area ★★★★

Le nom du Ngorongoro provient de celui des guerriers de la tribu autrefois installée dans le cratère, les Likorongoros (nom déformé par les colons allemands en Ngorongoro). Les Maasaïs, peuple guerrier et conquérant, ont chassé les Likorongoro qui ont finalement migré vers le lac Eyasi. Ils y vivent toujours, de manière très primitive, sans maisons ni vêtements et uniquement de chasse et de cueillette. Les Maasaïs les appellent désormais les Mangatis, soit « les ennemis respectés ». Cette région s'étend sur 8 300 km², dont 260 km² pour le cratère lui-même (la plus grande caldeira au monde encore intacte), et 890 km² pour la forêt de la chaîne des volcans.

VISITE

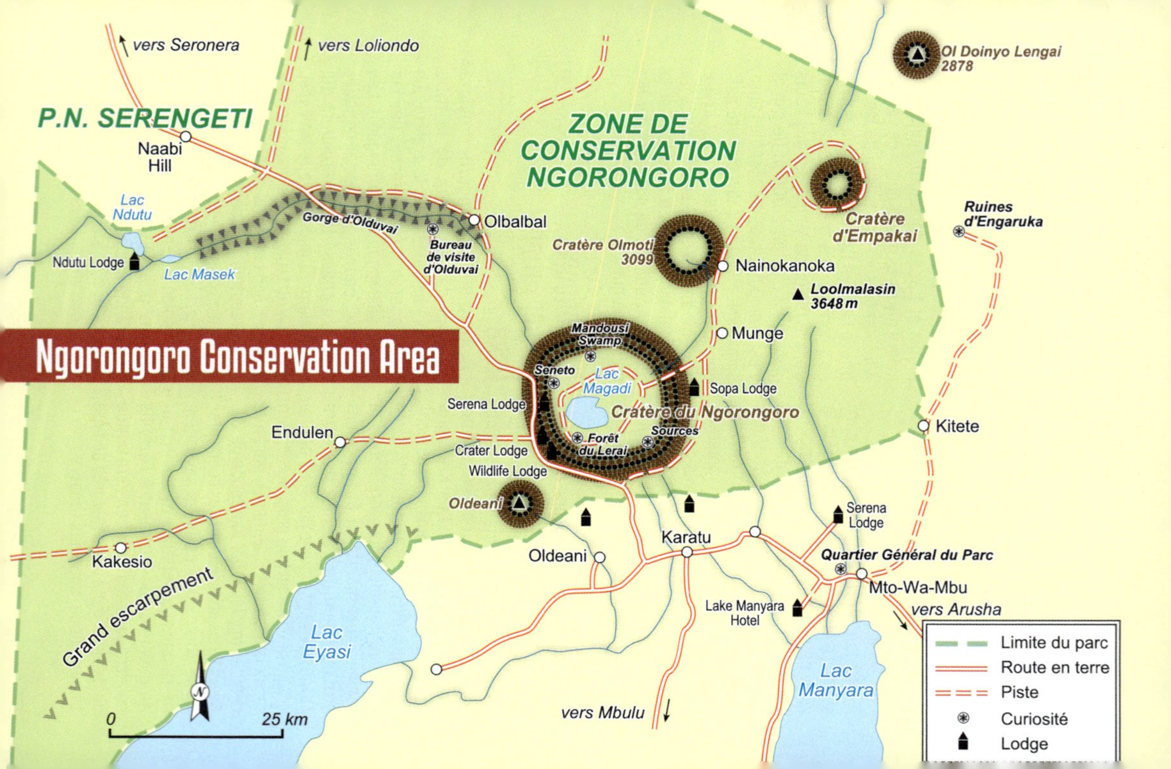
Ngorongoro Conservation Area
P.N. SERENGETI
ZONE DE CONSERVATION NGORONGORO
vers Seronera
vers Loliondo
Naabi Hill
Lac Ndutu
Ndutu Lodge
Lac Masek
Gorge d'Olduvai
Bureau de visite d'Olduvai
Olbalbal
Cratère Olmoti 3099
Cratère d'Empakai
Ol Doinyo Lengai 2878
Ruines d'Engaruka
Nainokanoka
Loolmalasin 3648 m
Munge
Mandousi Swamp
Seneto
Lac Magadi
Sopa Lodge
Serena Lodge
Cratère du Ngorongoro
Forêt du Lerai
Sources
Kitete
Endulen
Crater Lodge
Wildlife Lodge
Oldeani
Serena Lodge
Karatu
Oldeani
Kakesio
Quartier Général du Parc
Mto-Wa-Mbu
vers Arusha
Lake Manyara Hotel
Grand escarpement
Lac Eyasi
Lac Manyara
vers Mbulu
0
25 km
Limite du parc
Route en terre
Piste
Curiosité
Lodge

Lors d'un dernier recensement, en saison des pluies, on a dénombré 55 espèces de mammifères : autruches, grues couronnées, outardes de Kori, zèbres, gazelles de Thomson, gazelles de Grant, gnous, bubales, élans, cobes, buffles, phacochères, chacals, hyènes, lions, éléphants, rhinocéros noirs, hippopotames, grivets, et babouins, sans parler des flamants roses et nains, des léopards présents dans les pentes, de quelques servals... Seuls le guépard, la girafe, le damalisque et l'impala manquent à l'appel. Il est à noter qu'une bonne partie des animaux restent prisonniers des 600 m de falaises entourant le fond plat de la caldeira. Moins de la moitié des gnous, zèbres, buffles ou gazelles de Grant sortent vers les versants extérieurs du côté ouest en saison sèche ; les autruches, élans ou hippopotames sont complètement indigènes.En revanche, les éléphants, qui sont de très bons grimpeurs, n'hésitent pas à aller se désaltérer dans les plantations des versants extérieurs du côté est, ce qui pose bien entendu des problèmes avec les populations.

■ LES GORGES D'OLDUVAI ★★

Les deux-tiers de la zone de conservation s'étalent à l'ouest de la chaîne des volcans. La végétation y est complètement différente ; c'est le début des plaines du Serengeti. Si on s'y attarde un peu, la beauté de ce pays devient inoubliable, en raison de ses lumières, de ses plaines où des volcans forment l'horizon, en raison de sa faune sauvage exceptionnelle (incluant cette fois les girafes et guépards qui manquaient dans le cratère) et en raison du peuple particulièrement attachant qui l'habite : les Maasaïs. On peut y faire des safaris, notamment pendant le passage de la grande migration, ou sur le chemin de la gorge d'Olduvai.La gorge d'Olduvai a été baptisée « Berceau de l'humanité » et « Jardin d'Eden », entre autres... C'est une fracture de 40 km de long dans les plaines du Serengeti (dans la zone de conservation du Ngorongoro), profonde d'environ 100 m et couvrant environ 250 km^2. De très nombreux rhinocéros noirs habitaient la région jusqu'au début des années 1980. La grande migration y séjourne généralement de décembre à mars.

VISITE

Ngorongoro Conservation Area.

Serengeti National Park ★★★★

Créé en 1951, sur 14 763 km^2, le Serengeti est l'un des sanctuaires de la faune les plus importants au monde. Son nom signifie « plaine sans fin » en langue maasaï. C'est un endroit absolument mythique, à la fois pour ses paysages d'immenses plaines et de collines, la variété de sa faune et pour le phénomène extraordinaire de la grande migration. Imaginez deux millions de gnous, plus de 300 000 zèbres et 100 000 gazelles, pressentant l'arrivée des pluies, parcourant plus de 200 km du nord au sud, et consommant plus de 4 000 tonnes d'herbes chaque jour... De février à juin, ils remontent légèrement par l'est vers le nord, où ils passent environ deux mois au Maasaï Mara, au Kenya, et de septembre à décembre, ils redescendent vers le sud, en passant légèrement à l'ouest.

L'éco-système, qui s'étend sur tout l'ouest de la Zone de conservation du Ngorongoro, compte notamment des lions (la maladie de Carré, qui les avait touchés en 1994, semble ne plus faire de victimes). Les lions sont présents à peu près partout, mais apprécient en particulier les plaines recouvertes par la migration, l'ombre des acacias et les *kopjes*. Ce mot provient du hollandais « petite tête » et désigne les blocs de rochers qui sont sans doute les sommets granitiques érodés des anciennes montagnes dont les pentes furent ensuite recouvertes, il y a 3 ou 4 millions d'années, par la lave très liquide de la chaîne des volcans du Grand Rift, formant les grandes plaines. On trouve également des léopards le long des cours d'eau (par exemple au sud de Seronera) et dans les *kopjes*, des guépards au milieu des plaines, des hyènes près de leurs trous dans les plaines également, des éléphants non loin des cours d'eau, des buffles dans les clairières non loin des mares (notamment un peu au nord de Seronera, au bas des collines de Banagi), des hippopotames dans les mares, des crocodiles dans les rivières de bonne taille, ainsi que toutes sortes d'antilopes : impalas pas trop loin des bois, cobes et réduncas près de l'eau, Thomson, Grant, bubales, damalisques sur le parcours de la migration, chacals dans les plaines, babouins dans les *kopjes*, et plus de 500 espèces d'oiseaux, dont les autruches, les outardes et les serpentaires à découvert, et beaucoup d'autres aussi, plus petits, dans les *kopjes*.

Zèbres dans le Serengeti national Park.

■ SAFARI DANS LE SERENGETI NATIONAL PARK ★★★

Une faune sauvage très riche. L'écosystème, qui s'étend sur tout l'ouest de la Zone de conservation du Ngorongoro, compte notamment plusieurs milliers de lions. Ils sont présents à peu près partout, mais apprécient en particulier les plaines recouvertes par la migration, l'ombre

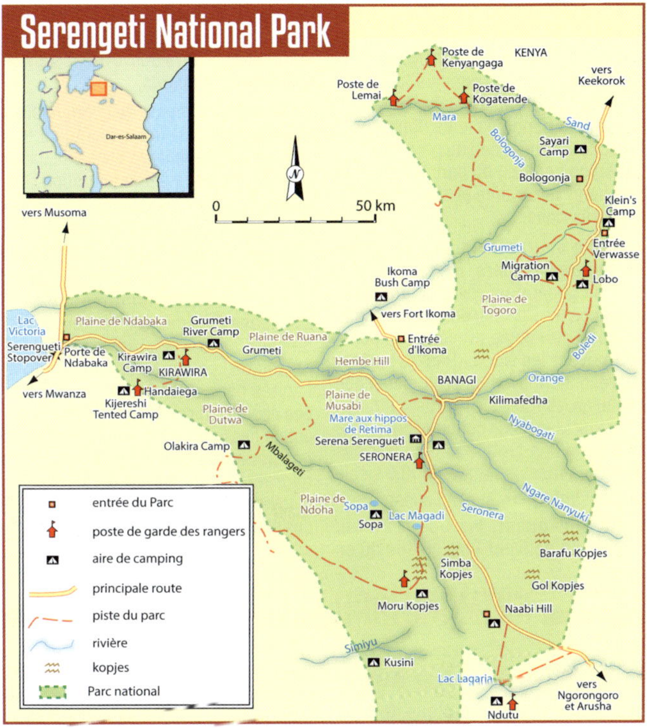

des acacias et les kopjes. On trouve également des léopards le long des cours d'eau (par exemple au sud de Seronera) et dans les kopjes, des guépards au milieu des plaines, des hyènes près de leurs trous dans les plaines également, des éléphants non loin des cours d'eau, des buffles dans les clairières non loin des mares (notamment un peu au nord de Seronera, au bas des collines de Banagi), des hippopotames dans les mares, des crocodiles dans les rivières de bonne taille, ainsi que toutes sortes d'antilopes : impalas pas trop loin des bois, cobes et réduncas près de l'eau, Thomson, Grant, bubales, damalisques sur le parcours de la migration, chacals dans les plaines, babouins dans les kopjes, et plus de 500 espèces d'oiseaux, dont les autruches, les outardes et les serpentaires à découvert, et beaucoup d'autres aussi, plus petits, dans les kopjes.

A la pointe sud du Serengeti, non loin de la réserve de chasse de Maswa, s'étend la région de Ndutu, d'un intérêt exceptionnel pendant la grande migration, autour des lacs Masek et Lagarja, et bonne base de départ pour les safaris dans le sud du parc national. La région centrale du parc est celle de Seronera, verdoyante et avec une faune très, très riche.

A une quarantaine de kilomètres au sud de Seronera, les Moru Kopjes sont en général un réservoir de faune exceptionnel. Dans un des deux derniers groupes de kopjes au sud, à gauche, se trouvent les Ngong Rocks, rochers qui résonnent avec un bruit métallique lorsqu'on les frappe, et qui permettaient jadis aux Maasaï de communiquer. Plus loin, dans une grotte, on peut voir des peintures maasaï datant du XIXe siècle et du début du XXe.

Au sud-ouest, les Gol et Barafu Kopjes ne peuvent être visités qu'en compagnie d'un ranger du parc, que vous payerez en plus du chauffeur-guide de votre véhicule. On y trouve assez souvent léopards et guépards.

Au nord, la région de Lobo, habitée par des lions, est intéressante en tout temps, mais devient passionnante quand elle est traversée par la migration.

A l'ouest, s'étend le corridor occidental (Western Corridor) : il s'agit de la vallée de la Grumeti River, qui se jette dans le golfe de Speke, au lac Victoria, distant de quelques kilomètres seulement de l'extrême ouest du parc.
La région, couverte de sous-bois et habitée par de nombreux oiseaux, par des espèces rares et par des crocodiles autour des cours d'eau, est spécialement passionnante lors du passage de la migration, notamment de septembre à novembre ; mais attention, en saison des pluies, elle n'est pas toujours accessible.

KILIMANDJARO ET LE NORD-EST

Kilimandjaro ★★★★

Le Kilimandjaro, mythique toit du continent africain, est un massif isolé du Grand Rift. Situé à environ 300 km de l'équateur, entièrement en territoire tanzanien, long de 60 km d'est en ouest et large de 40 km du nord au sud, il domine de 5 000 m les plaines environnantes : steppe maasaï, terres agricoles et parcs nationaux.
Cet immense volcan, à la forme très caractéristique, présente trois sommets distincts. Shira (3 962 m), à l'ouest, est caractérisé par ses pentes douces et les plateaux environnants. Le Mawenzi (5 149 m), à l'est, est un ensemble d'aiguilles resserrées et assez découpées, dont l'accès est rendu difficile par la verticalité et par la nature de la roche.
Entre les strates de lave solide se sont intercalées des couches de cendres friables. De ce fait, l'érosion est importante et la roche volcanique mal maintenue. De nombreux accidents, dont plusieurs mortels, ont émaillé l'histoire du sommet oriental. Le plus grave n'avait cependant pas de rapport avec l'alpinisme.

Parc national du Kilimandjaro
Entrée du parc
Refuge gardé
Aire de campement
Village
Route
Piste
Parc national
0
10 km
LONDOROSSI
3000m
4 000
KIBO
SHIRA
3962 m
Shira
Moir
Lava Tower
Arrow Glacier
5 000
5 500
Uhuru
5 895 m
Kibo
Machame
Barranco
Barafut
Mawenzi Tarn Hut
Mawenzi Hut
5 149 m
MAWENZI
Horombo
Mweka
Mandara
2000m
2 000
MACHAME
UMBWE
MWEKA
MARANGU
vers Rombo
vers Arusha
MOSHI
HIMO
vers Taveta
vers Dar-es-Salaam

En 1953, suite à une erreur de navigation doublée de la présence d'épais nuages, un DC 8 s'y écrasait sur la face est, causant la mort de sa cinquantaine d'occupants. Quelques débris d'avion jonchent encore la montagne, un peu en dessous de 5 000 m. Seuls quelques alpinistes occidentaux confirmés effectuent l'ascension du Mawenzi chaque année. Enfin, au milieu, il y a le Kibo. Un large plateau laisse apparaître plusieurs cercles concentriques, résultat d'éruptions anciennes. Il est creusé en son centre d'un profond cratère (le cratère Reusch) en semi-activité : des fumerolles blanches, ou du moins des odeurs de soufre, s'en dégagent fréquemment. La neige y est d'ailleurs moins présente. Le volcan du Kili n'est donc pas éteint, comme on l'entend souvent, mais seulement endormi. La dernière grande éruption remonte à 100 000 ans... Sur les rebords nord et surtout sud du Kibo commencent à descendre les fameux glaciers, les neiges du Kilimandjaro, qui étonnèrent tant les premiers explorateurs au début de la seconde moitié du XIXe siècle, et dont les autres Occidentaux de l'époque eurent pas mal de réticences à admettre l'existence, tant la présence de neiges éternelles paraissait incroyable au niveau de l'équateur. On y observe d'immenses terrasses de glace en cascades, avec des piliers gigantesques. C'est, malheureusement, l'un des endroits au monde où le réchauffement de l'atmosphère se fait le plus sentir. En un siècle, le Kili aurait perdu 80 % de ses réserves en glace ! Entre Kibo et Mawenzi, enfin, se trouve le Saddle, un vaste plateau aride de pierres et de cendres, s'étendant à une altitude d'environ 4 400 m. Les premières pentes du Kilimandjaro sont habitées par un peuple de montagnards, les Chaggas, qui le vénéraient autrefois comme leur dieu. Appartenant au groupe bantou, ces cultivateurs sédentaires, qui se sont pendant longtemps sévèrement battus contre les envahisseurs maasaïs, vivent aujourd'hui au milieu de grandes plantations de bananiers et de café. La boisson traditionnelle des Chaggas est le mbege, une bière à base de banane et de millet fermentés se préparant en dix jours. Les guides ont pour tradition d'en proposer au retour du sommet. Dans les forêts situées sous le parc national, à partir des villages, on peut entreprendre, guidé, quelques marches intéressantes.

Moshi

Située à environ 800 m d'altitude, cette ville de quelque 160 000 habitants (mais bien quatre fois plus avec les villages des environs) n'est pas vraiment intéressante. Seul son marché couvert peut valoir le détour si vous n'en avez pas encore vu. Simple village bantou au milieu du XIXe siècle, Moshi devint rapidement un des grands centres de la colonisation, les fermiers allemands puis anglais, venant cultiver les terres fertiles de la région, les missionnaires venant évangéliser et instruire les populations chaggas qui habitaient les premières pentes du massif du Kilimandjaro. La ville devint un lieu d'échange important pour les produits agricoles des grandes fermes coloniales, et un lieu de passage et de halte sur la route du nord, entre la côte et les Grands Lacs. Une ligne de chemin de fer y fut bientôt construite, reliant Dar à Arusha et Mombasa, et permettant un rapide essor de la ville dans les années 1920. Les Chaggas sont actuellement l'ethnie la plus active dans l'économie de tout le pays.

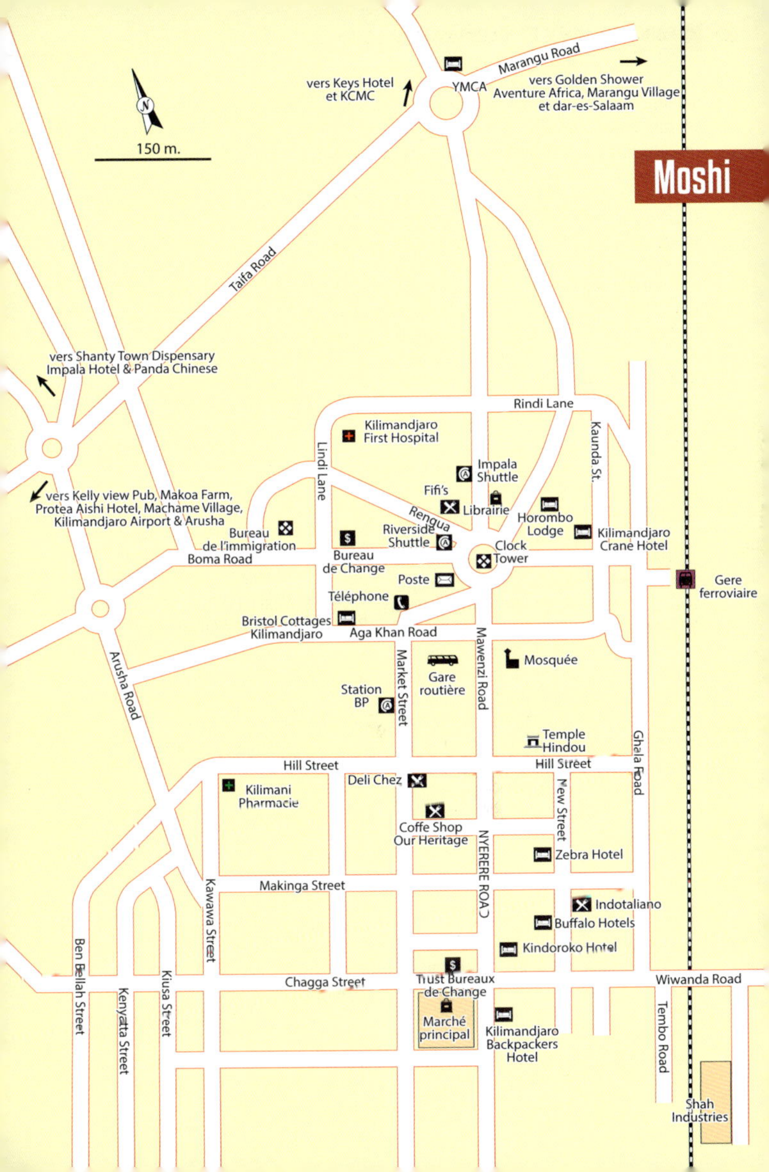

Moshi
150 m.
N
Marangu Road
YMCA
vers Keys Hotel et KCMC
vers Golden Shower Aventure Africa, Marangu Village et dar-es-Salaam
Taifa Road
vers Shanty Town Dispensary Impala Hotel & Panda Chinese
vers Kelly view Pub, Makoa Farm, Protea Aishi Hotel, Machame Village, Kilimandjaro Airport & Arusha
Rindi Lane
Kilimandjaro First Hospital
Lindi Lane
Kaunda St.
Impala Shuttle
Fifi's
Librairie
Horombo Lodge
Kilimandjaro Crane Hotel
Rengua
Bureau de l'immigration
Riverside Shuttle
Clock Tower
Boma Road
Bureau de Change
Poste
Gere ferroviaire
Téléphone
Bristol Cottages Kilimandjaro
Aga Khan Road
Mawenzi Road
Mosquée
Gare routière
Station BP
Market Street
Arusha Road
Temple Hindou
Ghala Road
Hill Street
Hill Street
Kilimani Pharmacie
Deli Chez
New Street
Coffe Shop Our Heritage
NYERERE ROAD
Zebra Hotel
Makinga Street
Indotaliano
Buffalo Hotels
Kindoroko Hotel
Kawawa Street
Ben Bellah Street
Chagga Street
Trust Bureaux de Change
Wiwanda Road
Kenyatta Street
Kiusa Street
Marché principal
Kilimandjaro Backpackers Hotel
Tembo Road
Shah Industries

Aujourd'hui, Moshi prospère doucement en tant que centre commercial de la région, mais s'est fait dépasser par Arusha, 80 km plus à l'ouest, dopé par le tourisme. Une communauté d'origine occidentale, relativement importante, y exerce des activités professionnelles dans les exploitations agricoles, certains comme ingénieurs dans les quelques usines de la ville ou dans les travaux publics, d'autres dans la santé ou dans l'enseignement. Le Kilimandjaro mis à part, la région de Moshi est intéressante à visiter. Au nord-ouest de Shira, non loin d'Ol Molog, à Maua Farm, ont été découverts, à partir de 1972, un grand nombre de pierres taillées et de fragments de poteries, certaines décorées, datant du Néolithique (3 000 ans avant notre ère). Sur le versant sud-est de la montagne, autour de Marangu par exemple ou en direction de Rombo, subsistent encore de vraies cases chaggas, perdues dans les plantations, et dont certaines sont vraiment habitées. A l'est du massif, non loin de Himo, part une piste qui mène, en un peu plus de 10 km, au lac Chala, très profond d'après la couleur sombre de ses eaux, et logé dans un superbe cratère aux pentes verticales, en bordure de la frontière kényane, non loin de Holili et Taveta. C'est un endroit sauvage et magnifique, où très peu de gens se rendent.

Montagnes Pare Sud

Dans ce massif sauvage, culminant à 2 460 m et jouxtant le Parc national de Mkomazi, on peut visiter, à 150 km de Moshi, la forêt équatoriale, les cascades, les grottes de Mghimbi où se cachaient ceux qui tentaient d'échapper aux rafles d'esclaves organisées par les Arabes ; le rocher de Malameni où, jusque dans les années 1930, des enfants étaient sacrifiés pour apaiser les esprits du mal, les ruines de la mission allemande de Mbaga Hills, des villages traditionnels, des guérisseurs, des fabricants de bière locale... Il est possible de rayonner dans les montagnes à partir de trois endroits : Same, Chome et Mbaga.

Same

Same, la capitale du district, est facilement accessible, puisque située sur la nationale Arusha-Dar, mais du coup, les randonnées dans la montagne sont éloignées. Mais on peut par exemple se rendre en 2 à 3 heures aux villages de Gonja Maore et Ndungu, qui possèdent de très belles cascades, comme celle de Thornton et ses 150 m de haut, qu'on peut grimper en 1 heure 30. Y aller directement est plus simple pour randonner dans la région.

Chome

Petit village, accroché au flanc sud du massif, rapidement accessible. De là, on atteint en 2 jours le plus haut sommet local (Shengena, 2 462 m).

Mbaga

Perché au nord du massif à 1 350 m, c'est le site le plus intéressant à partir duquel il est possible de randonner. On peut par exemple rejoindre le lac de Ranzi et cascades naturelles, le rocher de Malameni, les grottes de Mlamba, le point de vue panoramique de Heiganda Duma, celui de Mpepera, le sommet de Shengena en 3 jours, en traversant de très belles forêts, agrémentées de chutes d'eau et habitées d'innombrables oiseaux.

POUR AIDER LES PLUS PAUVRES,
JE CHOISIS D'AGIR AVEC EUX
FAITES UN DON
secours-catholique.org
BP455-75007 PARIS
caritasfrance
Secours Catholique-Caritas France
Secours Catholique
Caritas France
ENSEMBLE,
CONSTRUIRE
UN MONDE JUSTE
ET FRATERNEL
Photo : Jean-Luc Perreard

Mkomazi Game Reserve ⭐

Coincée d'une part, entre le parc national de Tasvo Ouest au Kenya et, d'autre part, les Pare Mountains du Sud et les Usambara Mountains, cette réserve de chasse de 1 000 km² est très connue pour sa richesse botanique exceptionnelle (90 % des variétés du pays, dont un tiers strictement indigène). C'est une région de savane ouverte assez aride, qui accueillait autrefois de nombreux rhinocéros noirs, mais abrite encore aujourd'hui des éléphants, des buffles, des lions, des léopards, des petits koudous, des guérénouks, des oryx...
En 1998, 4 rhinocéros noirs, transportés d'Afrique du Sud en Antonov 12, ont été réintroduits sur une réserve spéciale de 50 km², fortement encadrés par des rangers et par des clôtures électrifiées, destinées à les protéger autant d'une dangereuse extrusion que d'une intrusion mal intentionnée... Ils doivent quand même être relâchés à la fin du projet qui, pour un coût de 1,1 million de dollars financés par des organisations britanniques et américaines, prévoit de réintroduire encore 6 spécimens. Seuls les Maasaïs ont un peu protesté, car ils revendiquent les terres de cette région conquises par leurs ancêtres, il y a plus de deux cents ans.

Espèce rare de caméléon endémique des Usambara Mountains.

Montagnes Pare Nord

Ce massif frontalier est situé au décrochage de la ligne frontalière définie par le traité de Berlin de 1886, et qui devait laisser le Kilimandjaro aux Allemands de la Deutsh Ostafrika.

Usangi

Blottie entre 11 sommets qui culminent à 2 100 m, la petite ville d'Usangi constitue une excellente halte. La terre des alentours est très fertile, et bien exploitée, grâce notamment à tout un système traditionnel d'irrigation, avec canaux et terrasses. On peut voir dans ou autour de la ville des pépinières d'arbres, des briqueteries, des ateliers de fabrication de réchauds, de poteries et de vêtements. Les cultivateurs du coin fabriquent également leur pombe, une bière locale traditionnelle. Le lundi et le jeudi se tient à Usangi un grand marché coloré où les agriculteurs de tous les villages environnants, viennent vendre leur production. Autour, ce sont surtout forêts et landes. A partir d'Usangi, on peut faire une boucle en 4x4 ou effectuer des marches de plusieurs jours. Des montagnes, où exercent encore quelques sorciers, on voit bien par temps clair le lac Jipe, en contrebas au sud, et tout le Kilimandjaro. Sur la colline de Goma, se trouvent de profondes grottes, sans doute creusées pour servir de refuge lors des guerres tribales. Non loin, une case conserve une quarantaine de crânes de chefs de Pare. On peut aussi se rendre à la réserve forestière de Kindoroko et grimper jusqu'au sommet (2 112 m, point culminant de la région), un plateau sur lequel on pourra observer des singes et pas mal d'oiseaux. Le village de Shigatini possède deux églises et des tombes datant des premiers missionnaires. Ce massif est séparé des montagnes du Sud par la route de Same.

Usambara Mountains ★★

Vieux de 25 millions d'années, c'est un massif d'une centaine de kilomètres de long, distant de 50 km de la côte, parallèlement à la frontière kenyane. Les montagnes couvertes de forêts dominent de plus de 1 200 m les plaines environnantes (le sommet est à 2 230 m). La température moyenne y est de 20 °C et il y pleut beaucoup (190 mm par an), moyennant quoi, elles sont d'une grande beauté et abritent une cinquantaine d'espèces d'arbres endémiques et pas mal d'espèces animales (singes, aigles...). Mais la pression démographique par croissance externe, explicable par la fertilité des terres et par la bonne pluviométrie, a pour effet la diminution rapide de la superficie des zones sauvages et une déforestation importante. 70 % de la forêt d'origine aurait déjà disparu, ce qui entraîne une destruction des sols et des quelques glissements de terrain. La région fait l'objet de nombreux projets de réhabilitation : reforestation, restauration des sols, amélioration des variétés cultivées, irrigation, santé. L'ethnie locale est celle des Wasambaas, qui sont en général de bons cultivateurs. On peut voir toutes leurs parcelles concentrées au fond des vallées, tandis que près des crêtes, subsiste une forêt de type tropical. La meilleure base de départ pour découvrir ces montagnes, très riches en oiseaux, est sans doute Lushoto.

Sur le versant est se trouve une réserve botanique de 280 ha (Amani Botanical Gardens), fondée par la Compagnie allemande d'Afrique de l'Est en 1902, où malgré une certaine dégradation, poussent encore toutes sortes de fruits et d'épices (dont agrumes, mangues, anones, grenades, caramboles, vanille, gingembre, clous de girofle, noix muscade, curry, poivre...) ; ainsi qu'une quarantaine d'espèces de palmiers, des arbres à pain, des cèdres, des camphriers, des euphorbes, des mimosas, des arbres ornementaux, des arbres à caoutchouc, des smilax et beaucoup d'autres variétés tropicales, sans oublier la violette d'Afrique (Genus saintpaulia), découverte en 1892 par un officier et planteur allemand, le baron von Saint-Paul.

Au-dessus de Muheza, à Magila, se trouve une ancienne et très belle mission, fondée en 1867 par des anglicans. L'église, couronnée d'un clocher avec une cloche de bronze, date de 1880 environ, et le cloître à colonnes de 1867. L'église abrite la tombe de l'évêque de Zanzibar, mort en 1924.

Lushoto

Ce gros bourg blottit au fond d'une vallée que l'on a souvent appelé la Suisse tanzanienne, en raison de sa verdure et des torrents qui y descendent. Elle fut autrefois pressentie comme capitale de la Deutsh Ostafrika, car son climat ressemblait fortement à un climat européen tempéré.

Lushoto
vers The Mullers Mountain Lodge
Prison
Terrain de Foot
Eglise catholique
St Benedict's Hostel
Vers Irente View
Sun Lushoto
Jardin
Marché
Marché
NMB
Fou Tourism Information Centre
Tayodea
Green Valley Catering Service
Gare routière
UCAS
Kialilo Green Garden
Tumaini Hostel
Lushoto White House
Rombo Resort
Lawns Hotel
Kilimani Hotel

Les Allemands y construisirent un certain nombre de bâtiments administratifs et d'habitations. Quelques grandes fermes, reprises par des Tanzaniens sont encore debout, dans les alentours. Certaines familles allemandes habitent toujours le pays, et tiennent notamment une école. Des Britanniques sont également établis depuis assez longtemps à Lushoto. Visitez l'église anglicane si, par hasard elle est ouverte, elle est d'un caractère assez écossais. A partir de Lushoto, bien des marches intéressantes sont possibles de 4 à 6 heures aller-retour. Pour vous faire accompagner, évitez les guides recrutés au hasard car ils n'ont pas d'autorisation, et votre contribution de quelques milliers de shillings permet de financer des projets de développement dans la région. On pourra ainsi se rendre au point de vue de Irente, de Kambe ou de Kwa Mkeke.
De là-haut, la vue porte très loin, on aperçoit les steppes maasaïs. Les villages de Vuli ou de Kwembago offrent une autre possibilité de balade, plus culturelle. On peut voir aussi la mission catholique d'Ubiri, où les sœurs fabriquent fromage, vin et jambon locaux, des fermes locales, des pépinières, des guérisseurs, des potiers, et aller voir des colobes, des velvets ou des caméléons dans la forêt de Magamba. A partir de Soni, on pourra se rendre à Kwa Mongo, au sommet duquel séjournent de très nombreux papillons (Butterfly Peak). Les randonnées de plusieurs jours, permettent à la fois de réaliser toutes ces visites et d'atteindre quelques lieux historiques d'implantation allemande, comme Mtae ou la mission de Bumbuli, ainsi que la réserve forestière de Masumbai, riche en oiseaux. C'est une bonne initiation à l'aventure, hors des sentiers battus.

De Lushoto à Tanga

Après être arrivé à Rombo (vous pouvez prendre le premier bus qui s'y rend, même s'il doit s'arrêter à Rombo sans poursuivre), vous êtes à 90 km de Segera, la jonction de Dar-es-Salaam, elle-même à 280 km. La route, moins rectiligne, longe les Usambara Mountains et passe au pied de pains de sucre volcaniques impressionnants. En bas, de nombreux cocotiers s'élancent autour des plantations de riz, où l'on peut voir de nombreux abris permettant de se mettre à l'ombre dans la journée, lorsqu'il s'agit d'égrainer. Sur les cocotiers, des marches taillées à intervalles réguliers permettent d'atteindre les fruits, pour les cueillir avant qu'ils ne soient trop mûrs, en vue d'en faire de la poudre par exemple. Autrement, le fruit devient mou et risque de tomber de plus de 10 m sur ceux qui habitent en dessous.
Il reste encore 60 km jusqu'à Tanga, le revêtement de la route est très bon. On passe là à travers les immenses plantations de sisal, qu'un botaniste allemand avait fait venir de Louisiane, à la fin du XIXe siècle. Ces plantes ressemblent à l'aloès. La Tanzanie en est maintenant l'un des premiers exportateurs mondiaux, via le port de Tanga, vers les ports d'Asie en particulier (y compris la péninsule arabique), où les pêcheurs l'utilisent pour fabriquer les cordages de leurs embarcations. La corde de sisal est en effet réputée pour ses qualités de résistance. Un petit train a été spécialement construit pour passer au milieu de ces plantations, qui s'étendent à perte de vue. On pourra voir, au bord de la route, des tas de ces feuilles de sisal, récoltées et entrecroisées.

VISITE

DAR ES SALAAM ET LA CÔTE

CÔTE NORD

Plages, cocotiers et sisals tout du long. Des petits paradis oubliés par la civilisation. Un ensoleillement important tout au long de l'année. Attention cependant à éviter d'y venir en mai. Sur toute la côte, le ciel de mai est particulièrement bas et sombre et il peut pleuvoir des jours durant. Les choses rentrent heureusement dans l'ordre début juin.

Tanga

Voici une ville attrayante pour quelques jours, qui rappelle les stations balnéaires de l'Hexagone (surtout celles de l'Atlantique) car ici le vélo est roi. Vraiment, trois ou quatre jours par ici valent le coup, car le coin est calme et les plages, dans la mangrove, propres et accessibles depuis le centre en moins de 10 minutes. Ce qui est un vrai luxe, si l'on compare avec Dar es Salaam mais la taille de la ville n'est pas identique. Tanga est un gros bourg qui s'est enrichi avec sa position favorable face à la mer. Toutefois, le visiteur finirait par s'ennuyer car en dehors de la plage, il n'y a pas grand-chose à voir ou à faire en ville. Tanga compte environ 250 000 habitants. Située à 45 km de la frontière kényane et à 154 km de Mombasa, elle fut un moment la capitale de la Deutsh Ostafrika, après la ville de Bagamoyo. Son port était intéressant, mais la position de la ville était trop au nord : Mzizima, la future Dar es Salaam, était mieux située. En 1911 fut achevée la première grande ligne de train du pays : Tanga-Moshi, longue de 350 km, mais qui ne fonctionne plus. Les quartiers entre la ligne de chemin de fer et la mer gardent une belle atmosphère coloniale (allemande, c'est visible). On y trouve en particulier quelques grands bâtiments de l'époque récupérés par le gouvernement tanzanien. Le reste de la ville est un immense bourg qui a moins d'intérêt. Derrière la cathédrale catholique, passez tout de même voir le port de pêche. L'avenue qui longe la mer ne mène qu'au port de commerce. Tanga est surtout intéressante pour sa région et la côte superbe et sauvage qui l'entoure, notamment au sud. A voir tout de même pour le charme de ses vieilles demeures coloniales, pour ses rues en terre et pour son atmosphère de grand calme. On aime ou on n'aimera pas le muezzin à 5h30 du matin. Si vous avez le sommeil léger, il vous sera difficile de dormir après 7h. On peut espérer que l'Etat aura la bonne idée d'améliorer, voire tout bonnement de construire, les infrastructures nécessaires au développement de la côte et permettre ainsi un essor touristique bien mérité. En attendant, les amateurs d'horizons vierges profitent avec bonheur des plages qui bordent la côte. Si de Tanga il est aisé de gagner la rive sud de Pangani en transport collectif, il n'est ensuite possible de traverser le Parc national de Saadani qu'en 4x4. Pour continuer vers le sud et atteindre Bagamoyo, il faut donc contourner le parc et rejoindre la nationale Arusha-Dar.

Dar es Salaam et la côte

Tanga

Edifice religieux
Gare routière
Hôpital
Pharmacie
Curiosité
Poste
Hébergement
Restauration
Banque
Accés internet
OCÉAN INDIEN
Toten Island
Ras Kazane Point
0
500 m
N
Ocean Drive
Panori Hotel
Mkonge Hotel
Bombo Road
Kiboko Rest.
Bombo Hospital
Amboni Road
Mbuyukenda Hostel
Regal Naivera Hotel
Hospital
Cathédrale St-Anthony
vers Moshi, Arusha, Mombassa et Dar-es-Salaam
vers Aéroport et Gare routière de Kange
vers Pangani
ZOOM
Parc
Independence
Market ou Sidoine
Eckenford
Stade
Ring
Gare ferroviaire
Third
Railway
Gare routière
Xmkwakwan
Swahili
ZOOM CENTRE VILLE
Océan
Parc Jamhuri
Clock Tower
Poste
Independence
Blue Mango Expeditions
Tatona
Motel Sea View
NBC
Ocean Breeze Inn
Customs
Market
Sidoine
Pharmacie Moonas
Rusharoho
Parc Umiru
Eckenford
Swahili
Stade
Railway
Guinea
Usambara
Scandinavia Express
Ring

GROTTES D'AMBONI ★★

Suivre la route de Horohoro sur 3 km, puis bifurquer au panneau à gauche (à 2 km sur la piste)

Les grottes d'Amboni sont situées à 5 km au nord de Tanga. Elles offrent un réseau exceptionnel de 234 km de galeries, dont on ne peut visiter qu'un peu plus de 1 km, ce qui est déjà pas mal, le reste exigeant une technique et un matériel de spéléologue confirmé. L'érosion du calcaire y a formé de nombreuses stalactites et stalagmites qui composent de véritables sculptures naturelles. Le jeu est alors de leur trouver une ressemblance plus ou moins vague avec un animal ou un objet, ce qui rend la visite très ludique, notamment pour les enfants. Par endroits, des gouffres atteignent jusqu'à 50 m de profondeur. On peut aussi voir les racines très droites des figuiers sauvages de la surface, qui ressemblent à des conduites rouillées et descendent jusqu'à plus de 30 m dans la grotte. De nombreuses légendes entourent ce lieu : trois branches mèneraient aux environs de Dar es Salaam, au Kilimandjaro et à Mombasa, au Kenya. Aujourd'hui encore, certaines tribus bantoues y viennent sacrifier des chèvres aux esprits. Certains laissent quelques offrandes (bouteilles de boisson ou pièces de monnaie). Le site aurait servi de cachette à ceux qui résistèrent à la colonisation allemande.

Tongoni

A 19 km au sud de Tanga, on peut visiter le village musulman de Tongoni et un important site archéologique. On quitte la piste principale à la hauteur de l'embranchement marqué par un panneau pour s'engager sur une piste plus petite, à gauche, sur 2 km, puis on traverse la cour de l'école pour accéder directement au site.

Au nord du joli port de pêche de Tongoni, le site archéologique comprend une quarantaine de tombes et, surtout, les restes d'une belle mosquée avec un mihrab en corail. Datant du XIVe siècle, Tongoni était autrefois une ville prospère.

Pangani ★

Pangani est un des plus charmants lieux de la côte, complètement à l'écart des routes touristiques (quel calme !). Le coin demeure un lieu de villégiature privilégié pour nombre d'habitants du Nord de la Tanzanie pour qui cette partie de la côte est l'accès à l'océan Indien le plus proche. La ville fut un important centre de commerce dès le XIVe siècle. Les Perses et les Arabes y bâtirent très tôt des constructions en pierre sur la rive gauche de la rivière Pangani, qui, facilement navigable, permettait de remonter loin dans les terres. On aime ainsi la vue des pointes (surtout avec le coucher du soleil). Au XIXe siècle, la ville était un point important d'arrivée des caravanes qui apportaient défenses et esclaves pour les îles de Pemba et, surtout, Zanzibar.

Les Allemands ensuite s'y installèrent, notamment pour implanter et développer la culture du sisal. Ce fut l'âge d'or de la ville qui compta entre autres un cinéma, célèbre dans toute la région et qui resta en service jusque dans les années 1980, ou des courts de tennis... Décolonisation et chute des cours du sisal (liée à l'apparition des fibres synthétiques même si les fibres naturelles végétales reviennent peu à peu à la mode) ont eu raison de ce passé flamboyant.

Aujourd'hui, Pangani tente de renaître de ses cendres, sans toutefois se donner les moyens de recouvrer sa splendeur d'antan. Gageons qu'un jour, les routes de la région seront améliorées et qu'il sera aisé de rejoindre en bateau Pemba ou Zanzibar depuis le nord de Dar es Salaam. Le gouvernement tanzanien entreprend désormais un nécessaire travail de mémoire qui vise à restaurer les anciennes constructions coloniales, devenues malheureusement de véritables ruines. Financé avec les fonds de l'ambassade américaine, un premier lieu de mémoire est sorti de terre en 2015 dans une vieille demeure du XIXe siècle sous le nom de Pangani Heritage Centre.

Attention : Pangani est coupé en deux par la rivière qui s'en va très loin dans les terres, donc il est nécessaire de choisir hébergement et moyen de transport en fonction.

RÉSERVE MARINE DE L'ÎLE DE MAZIWE

Accessible en une heure de bateau, le paradis local pour le snorkeling et la plongée. Il n'est pas rare d'y croiser le dauphin à grand nez, le tursiop, au milieu de centaines de poissons tropicaux. Entièrement boisée jusque dans les années 1960, cette petite île de quelques centaines de mètres carrés s'est peu à peu transformée en un long banc de sable à cause de l'érosion et de la montée du niveau des océans.

Saadani National Park

Sur la côte, entre Pangani et Bagamoyo, ce parc d'un peu plus de 1 000 km², accessible par de mauvaises pistes au nord et au sud, accueille des lions, des léopards, des éléphants, des hippotragues, des oryx, des girafes, des buffles et quelques autres... C'est la seule réserve d'Afrique où l'on puisse encore voir des éléphants se baigner dans la mer. La végétation est un bush assez dense et il n'est pas facile de profiter de la faune. On peut s'y promener en barque sur la rivière Wami, peuplée d'hippos, de crocodiles et d'oiseaux. Dans le sud-ouest de la réserve s'étend l'épaisse forêt équatoriale de Zaraninge, avec une canopée en haut et des marais en bas... Le village de Saadani, le seul du genre toléré dans un parc national par les autorités tanzaniennes, a joué, lui aussi, son rôle pendant des siècles, comme lieu d'échange et d'embarquement pour les esclaves et marchandises, entre l'intérieur du continent et les îles, notamment Zanzibar, qui est juste en face, à environ 25 miles nautiques (55 km). Les Allemands y construisirent un fort, dont on peut voir les restes, afin de contrôler la route, aujourd'hui abandonnée, vers l'intérieur. Les pêcheurs qui habitent dans le coin rapportent de l'océan de bonnes quantités de crevettes. Un projet de protection des tortues de mer est en cours sur la côte : les œufs sont collectés, protégés jusqu'à éclosion et, un peu après, les jeunes tortues sont relâchées dans l'océan.

Bagamoyo ★

Bagamoyo a été pendant longtemps le lieu principal du trafic d'esclaves, pratiqué par les Arabes en Afrique de l'Est. De nombreuses caravanes y accompagnaient les malheureux qui avaient survécu à des marches exténuantes et qui y étaient vendus, échangés et envoyés sur les îles. Les Arabes shiraz (de Perse justement) arrivèrent sur ce point de la côte au XIIIe siècle et s'établirent à 5 km au sud de la ville actuelle, à Kaole : ils y bâtirent d'assez importantes constructions. Malgré l'influence croissante, puis l'établissement du sultanat d'Oman à Zanzibar, Bagamoyo resta un port d'une certaine importance, grâce au commerce (esclaves, ivoire...) avec cette île. C'est également de Bagamoyo que partirent les expéditions de Livingstone, Burton, Speke, Stanley et Grant. En 1868, les pères spiritains s'y établirent, avec l'accord du sultan de Zanzibar, et construisirent une importante mission, qui vaut vraiment la peine d'être visitée. Les missionnaires y installèrent un orphelinat pour les enfants d'esclaves et rassemblèrent de nombreux affranchis. Par la suite, ces derniers étant les seuls chrétiens sur cette côte musulmane, ils ne voulurent pas être reconnus comme anciens esclaves et un grand nombre se convertit à l'islam. La prospérité de la mission attira les Allemands, à la recherche de colonies.

Bagamoyo fut au début le lieu de départ des expéditions allemandes et la base de leur contrôle sur la côte. En 1889, un chef local, Abushiri, du village de Nzone, à 10 km au nord, dirigea une révolte, mais fut battu au bout de quelques mois par les troupes soudanaises et zoulous des Allemands, et pendu à Pangani. Peu de temps après, les Allemands signèrent un accord avec le sultan : l'Afrique de l'Est devenait une colonie de droit. La ville fut par la suite délaissée par les Allemands, qui firent de Tanga leur capitale. Bagamoyo est donc une ancienne ville coloniale, qui a gardé pas mal de charme malgré le délabrement assez avancé de ses bâtiments. Les rues du village sont ponctuées d'anciennes maisons coloniales. Nombre d'entre elles, notamment les plus pauvres, ont de belles portes sculptées. Quand l'enfant du pays, Jakaya Mrisho Kikwete, est devenu en décembre 2005 (et jusqu'en 2015) le président de toute la nation, l'asphalte est venu, comme par enchantement, garnir les chaussées de la cité.

A partir de Bagamoyo, on peut explorer un peu la belle rivière Ruvu et aller observer, avec un masque et des palmes, les nombreux poissons de l'îlot de Mambakuni. Profitez de la côte pour déguster des crevettes, présentes en abondance.

CARAVAN SERAIL

Construit dans les années 1860 par un riche marchand arabe, le « caravan serail » marquait la fin d'un long périple pour les esclaves capturés jusqu'aux rives du lac Tanganyika, à près de six mois de marche de là. Toujours debout aujourd'hui, ce bâtiment rectangulaire était la résidence des négriers, leurs esclaves étant parqués autour des murs avant d'être vendus un peu plus loin sur le front de mer, sans doute là où se situe l'actuel marché aux poissons. A l'entrée, intéressant musée qui retrace en anglais et en kiswahili les heures sombres de l'esclavage et qui rappelle qu'un siècle après son abolition définitive par les Anglais en 1922, ses effets continuent d'affecter la société tanzanienne, en opérant une distinction invisible entre les descendants d'esclaves et les autres.

RUINES DE KAOLE

Les ruines de Kaole se trouvent à la hauteur du village du même nom. Il s'agit essentiellement des vestiges de deux mosquées datant du XIIIe et du XVe siècle ainsi que d'une vingtaine d'étranges « tombes à pilier », uniques en leur genre sur la côte est. Après Kaole, 5 km supplémentaires mènent à une route goudronnée en bon état, que l'on suit tout droit sur encore 5 km avant de rattraper la route asphaltée de Bagamoyo à Dar. Plus au sud, 20 km avant Dar, on peut voir aussi les ruines de Kunduchi, avec une mosquée du XVIe siècle et des tombes du XVIIIe signalées par des obélisques gravés.

MUSÉE DE LA MISSION CATHOLIQUE ROMANE

✆ +255 232 440 010

Au nord de la ville.

La mission catholique fut fondée en 1868 par un missionnaire alsacien du nom de Anthony Horner. Elle déboucha en 1872 sur la construction de la première église bâtie en Afrique de l'Est dont seule subsiste aujourd'hui une tour baptisée la Tour Livingstone. Après le décès du célèbre explorateur britannique David Livingstone en Zambie en 1874, son corps fut en effet ramené à pied jusqu'à cette mission, avant d'être ensuite rapatrié à l'abbaye de Westminster, en Angleterre. Situé à côté de la tour, le petit musée de la mission catholique est assez intéressant et retrace l'histoire de la traite des esclaves, des explorateurs et de la mission.

DAR ES SALAAM ET SA RÉGION

La région de Dar est étendue, sur des dizaines de kilomètres. Ce qui a pour conséquence de créer d'importants bouchons, le matin et le soir.

Et conduire ici relève du Far West ! Il ne faut pas se le cacher : les environs sont pauvres, mis à part le nord avec des quartiers riches (diplomates et hommes d'affaires). C'est d'ailleurs le cas de la péninsule de Msasani, une avancée dans l'océan Indien. S'y concentrent des immeubles modernes et les plus grands centres commerciaux du pays.

Région de Dar-es-Salaam

Le centre de Dar es Salaam
OCEAN
INDIEN
Vers Msaani et Kunduchi
United Nations R.
Ali Hassan Muringi / Upanga Road
Lugalo Road
Ocean Road
Aga Khan Hopital
Alliance Française
Golf
Gymkhana Club
vers Swiss Garden Hotel
Malik Road
Nyangoro Road
Undali Road
Maweni Road
Algkhan Road
Upanga Road
Kibasila Road
Magore Road
Mazengo Road
Mfaume Road
Nyumba ya Sanaa & Hippotours
Mövenpick Royal Palm Hotel
Air India
Kenyian, Air France & Lufthansa Airlines
KLM & Ethiopian Airlines
Coastal Travels
Immigration Office
YMCA
Akemi
Safari Inn
Titi Mohamed St.
KMaktaba
Ohio Street
Ghana Av.
Shaaban Robert Av.
Mirambo Street
Garden Av.
Samora Street
National Museum
Sokoine Drive
Luthul Road
State House

PORT DE
DAR-ES-SALAAM
KIGAMBONI
0
500 m.
Zanzibar Shipping Corp.
vers Gare Routière
Jambo Inn
X-Press Rent a Car
Poste centrale
Air Tanzania
Kilimanjaro Hôtel
Magogoni Street
Azikiwe St
Pemba St.
Askari Monument
Eglise luthérienne
Kivukoni Front
Marché aux poissons
UWT / Bibi
Kisutu Street
Jamhuri St.
Mr Clean
Mkwepu St.
Monex
New Africa Hotel
Morogoro Road
Bus pour Moshi et Arusha
Zanaki St.
Makunganya
Bridge St.
Téléphones
Bus pour l'aéroport, Tazara, railway Station
Bateaux vers Kigamboni
Kariakoo Street
Safari Inn
Econolodge
Peacock Hotel
Libya St.
Jamhuri Street
Mosque St.
Gandhi St
India Street
Samora Av.
Office de tourisme
Cathédrale catholique
Bureaux de réservations des ferries pour Zanzibar et Pemba
Bateaux vers Zanzibar
Mafio Street
Livingstone Street
Mkunguni Street
Pemba Street
Tandamuti Street
Marché Kariakio
Narungombe Street
Lumumba Street
Indira
Sokoine Drive
Luther House
Uhuru St.
Bus pour Iringa et Mbeya
Bus pour Tanga
Libya Street
Iindi St.
Malindi Dock
Gare du Central Railway
Sikukuu Street
Mchikichi Street
Uhuru Street
Swahili Street
Kiungani Street
Kongo Street
Wanyamwesi St.
Kisawvare Street
Msimbazi St.
Nkrumah Street
Scandinavia Express
Nyekere Rd.
Gerezani St.
vers l'aéroport et la gare du Tazara Railway
Main Quay

Dar es Salaam ★★

Capitale « officieuse » d'un pays en voie de développement, Dar es-Salaam (le « Havre de paix » en arabe), compte environ 4,5 millions d'habitants (le double par rapport à il y a 15 ans) et continue de grandir, du sud au nord-ouest. Elle devrait être l'une des plus grandes villes du continent d'ici à quelques années, avec une population qui sera voisine des 8 millions vers 2030, posant d'ores et déjà des défis pour l'habitat, le travail et la sécurité.

A 75 km au sud de Bagamoyo, sur la côte de l'océan Indien, Dar n'était à l'origine qu'un petit port de pêche, Mzizima, comme tant d'autres en Afrique de l'Est.

Le sultan de Zanzibar, Saïd Majid, y avait fait construire un palais en 1861 (disparu aujourd'hui), prévoyant de faire de sa ville la tête de pont du sultanat sur le continent, et y invita même en 1867 tous les grands consuls européens à un dîner de fondation. La Compagnie allemande de l'Afrique de l'Est obtint la concession du port en 1887 ; la petite ville comptait alors 5 000 habitants.

Le site fut choisi en 1891, après Bagamoyo, Lushoto et Tanga, comme capitale de la Deutsch Ostafrika, car la configuration de la côte était telle que le fond de la baie formait un port naturel en eaux profondes, dépourvu de récif corallien grâce à l'estuaire de la rivière Kingoni (les alluvions qu'elle apporte rendant l'eau moins claire). Ce port allait être ainsi apte à accueillir les cargos allemands débarquant hommes et matériel avant de charger sisal, ivoire et épices. Les Allemands y installèrent l'électricité en 1907, peu avant Tanga et Lushoto. La ville prit vraiment de l'importance lorsque la ligne de chemin de fer qui la reliait au lac Tanganyika fut achevée, en 1914. En 1920, les Anglais en firent une succursale du port de Mombasa, tout en y installant le gouverneur du Tanganyika.

Mais aujourd'hui, c'est le centre économique et administratif du pays. Si la capitale officielle est Dodoma (siège du Parlement), à 310 km à l'intérieur des terres, la plupart des ministères et toutes les ambassades se trouvent à Dar.

De nombreux dhows, ces bateaux traditionnels à voile triangulaire rapportent toujours quotidiennement le produit de leur pêche au marché aux poissons. La colonisation allemande a laissé ses traces, comme la grande gare du Central Railway, la cathédrale Saint-Joseph ou l'église luthérienne. Tous les alignements d'arbres à fleurs et tous les parcs sont des restes du passage des Anglais. Certaines rues présentent encore un caractère nettement asiatique, comme l'India Street, avec toutes ses boutiques et ses bazars, ou la Kisutu Street, avec ses temples hindous particulièrement animés à la nuit tombée.

▸ **Mise en garde.** Il vaut mieux ne pas s'aventurer seul le soir : certains touristes sont souvent détroussés dans le centre de Dar. Prudence et méfiance donc : n'acceptez pas d'être conduit par qui que ce soit, surtout par des individus qui vous aborderaient.

■ NATIONAL MUSEUM ★★

Shaban Robert Street

✆ +255 222 122 030

L'histoire de cet établissement remonte à 1899 : l'administration allemande avait commencé à collecter quelques pièces géologiques ou historiques, mais dont beaucoup prirent le chemin de Berlin.

C'est en 1934 que le gouverneur britannique Mac Michael commença sérieusement à rassembler des matériaux archéologiques et ethnologiques. Le musée, installé dans le mémorial du roi George V, ouvrit en 1974. Les explications, par ailleurs un peu succinctes, sont données en anglais. En traversant la cour, vous trouverez au fond à gauche la salle des sciences de la mer : de très nombreux coquillages, le crâne d'un rare mammifère marin (le dugong). La salle d'en face est celle des traditions tribales : habillement, instruments de musique, amulettes... En revenant dans l'entrée du musée, prenez les escaliers et visitez le « Hall de l'Homme » qui retrace au premier étage toute l'évolution humaine depuis ses premiers pas en Afrique il y a 4,2 millions d'années, grâce notamment aux découvertes d'Olduvaï, de Laetoli et d'Isimilia. L'histoire moderne de la Tanzanie est racontée dans les salles suivantes, des premiers visiteurs grecs à la mort de Julius Nyerere, le père de l'indépendance, en 1999. Il s'agit plus ici d'une leçon d'histoire que d'une exposition : les quelques pièces réunies sont un prétexte. Les panneaux évoquent les ruines de Kilwa, les découvertes d'objets perses, puis portugais et arabes sur toute la côte, l'histoire des grands explorateurs, l'esclavagisme arabe, la colonisation et ses guerres (les soulèvements hehe, nyamwezi et la révolte des Maji maji), puis les deux guerres mondiales, notamment la première entre Anglais et Allemands en Afrique de l'Est, et enfin l'avènement du parti TANU et l'indépendance, acquise en 1961. Plus originale, l'exposition permanente « Rock art exhibit » met en avant les nombreux sites de peintures rupestres répertoriés en Afrique dont celui de Kondoa, à 150 km au nord de Dodoma.

Bongoyo Island

Cette île fait partie avec trois autres îles voisines de la réserve marine de Dar es Salaam depuis 1975, à 2,5 km au nord de la ville, à proximité de la péninsule de Msasani dans le quartier de Kinondoni. Elle est restée inhabitée et assez sauvage, avec une côte faite de falaises et de plages. Et elle est désormais très populaire pour s'y baigner (à toute heure de la marée) et observer les poissons, notamment à l'est, quand la mer se retire en formant des bassins où certains sont retenus. On peut aussi y voir des grottes et une construction de l'époque coloniale allemande en plein centre de l'île (6 ° 42'8.48 " S 39 ° 16'11.49 ").

On y compte deux plages, la plus populaire à la pointe nord-ouest près du port où se trouvent les restaurants et le monde, et la longue plage sauvage du nord-est, propice à la balade qui longe la forêt sauvage plantée sur toute l'île. Paradisiaque.

Kunduchi

A 25 km de Dar, en empruntant la nouvelle route pour Bagamoyo, se trouvent Kunduchi, ses ruines et ses plages, dont Jangwani Beach. Un petit paradis de sable et d'eau, qui fait face à quelques îles tropicales entourées de magnifiques fonds marins. Les ruines de Kunduchi, avec une mosquée du XVIe siècle et des tombes du XVIIIe, sont signalées par des obélisques gravés.

Kigamboni ★

Jusqu'en mai 2016, il n'y avait qu'une seule façon de se rendre à Kigamboni et aux plages de la côte sud depuis Dar : prendre le ferry comme tout le monde (200 TSH comme piéton, 400 TSH avec un daladala) depuis le terminal situé à côté du marché aux poissons de Kivukoni. Aujourd'hui, vous pouvez aussi choisir de traverser la baie d'une manière moins romantique en empruntant le pont Julius Nyerere construit sept kilomètres plus au sud. Long de 680 mètres et doté de deux fois 3 voies, cet ouvrage a été monté par des entreprises chinoises de BTP entre 2012 et 2016. L'accès est gratuit pour les piétons mais coûte 300 TSH en vélo, 600 TSH à moto et 1 500 TSH avec un véhicule léger.

La construction du pont annonce d'autres investissements de l'autre côté de la baie mais pour l'instant, après avoir traversé Kigamboni, la banlieue de Dar, la côte sud reste très sauvage et aussi belle qu'au Nord, et peu d'hôtels y sont implantés. C'est donc maintenant qu'il faut en profiter. A peine plus loin, le village de Gezaulole, lieu d'implantation de l'ethnie zaramo. Puis, en poursuivant sur la côte, on rejoint Ras Kutani (ras signifie « cap' »), enfoui au sein d'une magnifique forêt.

Gezaulole

Gezaulole devint au XVIe siècle une destination et un port d'embarquement pour les caravanes transportant marchandises et esclaves à destination de Zanzibar. C'est aujourd'hui un village typiquement tanzanien, sur la côte, à l'écart des grands axes routiers. En s'adressant à Kali Mata Ki Jai (une association locale de femmes), on pourra dormir ou prendre un repas chez des habitants, louer des bicyclettes, visiter les vestiges de la mosquée du XVIe siècle, à 700 m du rivage, voir comment les gens vivent et travaillent (poterie, vannerie, tissage, teinture...), assister aux activités des pêcheurs et partir en mer avec eux...

Du village, on peut aussi aller en dhow sur l'île de Sinda, qui a une très belle plage. Toutes ces activités s'inscrivent dans le cadre d'un projet de tourisme culturel.

Kutani

A environ 30 km de Dar es Salaam, et quelques dizaines de minutes par la route, Kutani offre des paysages qui tranchent de la mégalopole bruyante. Plages de sable fin et palmiers attendent notamment ceux qui s'aventurent par ici.

CÔTE SUD

626 km séparent Dar es Salaam de la frontière du Mozambique par la route qui longe l'océan Indien.

Ce long ruban donne incontestablement un avant-goût des splendeurs de l'Afrique australe. La route est en grande partie asphaltée et, à défaut, constituée d'une piste de terre rapide. Seul le passage des rivières peut encore poser problème, en particulier lors de la saison des pluies. Le pont qui traverse le fleuve Rufiji au niveau de Ndundu est achevé et il n'y a donc plus de bac à prendre.

Les habitations des villages traversés sont faites d'une armature en bois servant de support à de la terre, parfois blanchie à la chaux, et recouvertes d'un toit de paille ou de palme. Ces régions, faiblement peuplées, abritent une faune assez abondante : on y observe fréquemment des oiseaux, des singes, des hippopotames lors de la traversée de la Rufiji... Dans le delta de la Rufiji, quelques dizaines de kilomètres en aval de la route, se trouve toujours l'épave du *Königsberg*. La végétation, très dense pendant plus de la première moitié du trajet, se raréfie lorsqu'on s'éloigne de l'équateur ; après la Rufiji, elle présente une certaine ressemblance avec le bush du Selous, voisin de 75 km seulement. En dehors de la réserve de Selous, qui possède un double accès au nord de la Rufiji River, rien de significatif au niveau touristique ne survient avant la région de Kilwa (plusieurs lieux-dits et villages portent ce nom : Kilwa signifierait la « place du poisson »). Mais pour le coup, la halte s'impose. Kilwa, son ancien centre administratif, son marché et son île étaient le point d'aboutissement des caravanes d'esclaves en provenance du sud (notamment celles au départ du lac Nyasa), comme Bagamoyo était celui des caravanes du nord et plus particulièrement de celles qui venaient des environs du lac Tanganyika. Ces lieux sont devenus de nos jours autant de curiosités dispersées sur la côte qu'il est agréable de revisiter.

Kilwa Kivinje

Kilwa Kivinje était le centre administratif allemand pour le sud du pays. C'est là qu'aboutissait, au XIXe siècle, l'une des grandes routes de caravanes (notamment d'esclaves) en provenance du lac Nyasa. Plus de 20 000 esclaves y transitaient chaque année. L'influence arabe y est bien visible : portes sculptées, fenêtres avec fer forgé, balcons travaillés... C'est aujourd'hui une petite ville isolée mais superbe. L'éloignement de la région fait que peu de monde s'y rend, alors que le charme de ses grandes maisons coloniales allemandes, tout près de l'océan, est intact, malgré leur délabrement. Le bâtiment du vieux harem arabe subsiste toujours. Le marché couvert est également attirant ; il vous propose en particulier fruits et poissons.

Kilwa Masoko

Petite ville tranquille sous des cocotiers et des manguiers, au bout de la presqu'île de Kilwa, Masoko dispose d'un petit port et d'un aérodrome. Masoko signifie marché ; le marché de Kilwa Masoko n'est pas pour autant extraordinaire, on y trouve, entre autres, toutes sortes de poissons frits ou séchés au soleil et au sel, mais très peu de poulpes, de crevettes ou de crabes.

Kilwa Kisiwani ★

Kisiwani signifie île en kiswahili. Un détroit de 3 km sépare cette île du continent. Un peu plus d'un millier de personnes y vivent aujourd'hui. Moins de 500 touristes la visitent chaque année alors que ses ruines magnifiques sont pourtant parmi les plus spectaculaires de la côte d'Afrique de l'Est. Avant de se rendre sur l'île, il est nécessaire de s'acquiter d'un droit d'entrée auprès du Département des antiquités situé à la sortie de Kilwa Masoko.

Songo Mnara

A quelques kilomètres au sud de Kilwa Kisiwani, la petite île de Songo Mnara (les Songos sont une ethnie de la côte, cultivateurs et éleveurs, et mnara signifie minaret en swahili) présente de nombreuses ruines assez complexes de maisons en pierre et de mosquées, datant de la fin du Moyen Age. Trois kilomètres plus loin au sud, l'île de Sanje Majoma comporte, elle, de grandes maisons en pierre autour de belles cours agrémentées d'arcades.
Enfin, sur le trajet de retour vers Kilwa Masoko se trouve l'île de Sanje ya Kati, lieu d'établissement du peuple shanga, une puissante tribu aujourd'hui disparue, mais qui résista longtemps aux invasions étrangères. Il n'y a pas de restes visibles de sa présence.

DE KILWA AU MOZAMBIQUE

Lindi et Mtwara étaient, il y a plusieurs siècles, des ports d'importance, notamment pour le commerce arabe. Quelques bâtiments coloniaux y sont toujours debout.
Bien que la côte et les plages soient extrêmement belles, la visite de ces villes est intéressante sur la route du Mozambique, ou que vous y passiez en vous dirigeant vers le lac Nyasa, via Masasi, Tunduru et Songea. La région, qu'un chemin de fer avorté à cause de la Première Guerre mondiale devait relier à l'intérieur des terres jusqu'au lac Nyasa, est aujourd'hui enclavée. Le fleuve Ruvuma, à 37 km au sud de Mtwara, forme la frontière naturelle de cette région et donc de la Tanzanie avec le Mozambique.

Lindi

Lindi est l'ancienne capitale administrative coloniale du Sud-Est du pays. La zone produisait alors sisal et caoutchouc. Les Britanniques lui préférèrent cependant les eaux profondes de Mtwara pour établir un port important. Et aujourd'hui de nouveau, c'est elle qui profite du réveil qui s'amorce (avec le gaz notamment), tandis que Lindi ne voit pas de développement possible et s'appuie essentiellement sur la production de sel de mer.
Le coin vaut pourtant que l'on y séjourne un temps car les plages sont belles, et les eaux peu profondes.

Mikindani ★

Située à peine 10 km avant Mtwara en venant de Lindi, Mikindani connut un destin similaire à celui de Bagamoyo : le point d'aboutissement des caravanes arabes ; le lieu d'embarquement des esclaves et de l'ivoire ; un port trop petit pour survivre à la concurrence d'un grand port colonial en eaux profondes ; une bourgade de villégiature sous les tropiques ; une ville laissée progressivement à l'abandon après l'indépendance et la fermeture des plantations...
Arpenter les rues poussiéreuses de Mikindani, c'est en quelque sorte remonter le temps à la recherche de sa splendeur passée puisque seul l'ancien fort allemand (*german boma*) qui domine les lieux a été restauré. Les joies balnéaires offertes par la

magnifique baie dans laquelle est lovée la ville est une autre raison d'y faire une halte.

Mtwara

En 1946, les Britanniques voulurent faire de Mtwara un second Mombasa, en construisant un port ultra-moderne et en développant considérablement la production de cacahuètes et de noix de cajou, à partir desquelles est fabriquée l'huile d'arachide. Mais la demande ne suivit jamais... Aujourd'hui, Mtwara regarde surtout du côté de l'océan Indien et des gisements gaziers offshore. Les récentes découvertes au large de la baie de Mnazi attirent enfin les investisseurs étrangers dans la région. Une nouvelle manne énergétique qui profite aussi aux habitants de Dar es Salaam grâce à un pipeline de 532 km inauguré en 2015 entre Mtwara et la capitale.
Le port de Mtwara, lui, se fait une nouvelle jeunesse et retrouve des volumes intéressants. La construction d'un pont, à la frontière avec le Mozambique, et l'achèvement de la route ont enfin permis de désenclaver le sud-est du pays. Très positif pour le commerce tanzanien.

Mnazi Bay Marine Reserve ★

Un superbe parc sous-marin qui s'étend tout en longueur sur près de 50 km jusqu'à la frontière mozambicaine et comprend deux baies (Mnazi et Ruvuma) séparées par une presqu'île. C'est un lieu fréquenté notamment par les dauphins, les baleines (entre juin et septembre) et quatre espèces de tortues marines. Sa biodiversité en mangroves, prairies marines et coraux est reconnue mondialement. Les subsides récupérés grâce à la visite du parc permettent le développement économique de 12 villages des environs.

Séchage du poisson à Mtwara.

Masasi

L'arrière-pays de Mtwara est constitué par le Makonde Plateau, du nom de l'ethnie assez nombreuse qui l'habite, et qui est désormais bien connue pour sa créativité et ses techniques exceptionnelles en matière de sculpture, notamment sur ébène. Ce talent, bien que souvent mis au service du tourisme, plus actif dans le nord du pays, témoigne encore des légendes et des mythes d'une riche culture africaine. Le plateau s'étend à l'ouest jusqu'à la petite ville de Masasi, à 4 heures de bus de Mtwara, lieu de naissance et parfois de résidence de l'ex-président Benjamin Mkapa (1995-2005), et emplacement d'un grand marché régional.

PARCS ET MONTAGNES DU SUD

C'est l'autre parcours, beaucoup plus sauvage et délaissé par les touristes, permettant de visiter les nombreux parcs, réserves et montagnes qui composent ce vaste pays. Dans un premier temps, il convient d'emprunter la grande route qui mène en Zambie, via Morogoro, Mikumi, Iringa, Mbeya et Tunduma. Elle est à présent entièrement goudronnée, si bien que les Tanzaniens l'appellent la Tanzam Highway (Tanzania-Zambia). Vous pourrez ensuite glisser au fil de l'eau pour traverser les trois plus grands lacs du continent, que la Tanzanie partage tour à tour avec le Mozambique, le Malawi, la Zambie, la République démocratique du Congo, le Burundi, l'Ouganda et le Kenya.

Selous Game Reserve ★★

Créée en 1922, la réserve de gibier de Selous est la plus grande réserve naturelle protégée au monde. Sa superficie est trois fois celle du Serengeti, supérieure à celle de la Suisse. Classée au patrimoine mondial par l'Unesco, cette réserve couvre 55 000 km² sur une altitude allant de 110 à 1 250 m et offre de superbes paysages. Environ 75 % sont réservés à la chasse (ou trophée), tandis que 25 % sont réservés aux safaris-photos. Une proportion en progrès, car auparavant c'était 90 % et 10 % respectivement. Mais il n'existe qu'une douzaine de lodges dans la concession touristique, le reste étant réservé aux chasseurs. Le Selous s'étend essentiellement sur le bassin de la rivière, dont les eaux boueuses traversent la réserve du nord au sud. C'est le plus grand bassin d'Afrique de l'Est, avec plus de 177 000 km². Le fleuve Rufiji se jette ensuite dans l'océan Indien en face de l'île de Mafia. Les safaris du Selous sont organisés autrement que dans les parcs du Nord, on demeure dans un camp à partir duquel on rayonne. Quasiment tous les camps organisent des safaris en 4x4, à pied (avec un garde armé) ou en barque à fond plat sur le fleuve Rufiji où l'on observe les crocodiles et les hippopotames. Tous les lodges sont en bord de rivière et organisent le fameux « boat trip » à travers les paysages du Selous, extraordinaires.

Globalement, la réserve est extrêmement sauvage, on y voit de ce fait un peu moins d'animaux, car ils se laissent moins approcher que dans les parcs du Nord, mais l'ambiance et les sensations y sont très très fortes. La faune compte environ 150 000 buffles, 70 000 éléphants, 40 000 hippopotames, 4 000 lions, des crocos par milliers sur le fleuve, des girafes, plusieurs dizaines de milliers de zèbres, grands koudous, guibs, réduncas, hippotragues noirs, sitatungas et autres antilopes, lycaons... Les félins, pourtant nombreux (plusieurs milliers de lions et sans doute davantage de léopards), sont plus difficiles à observer, car la chasse les rend craintifs. Le Selous abriterait encore plusieurs dizaines de rhinocéros noirs, ils ne sont pas chassés (l'espèce est protégée), mais braconnés par des trafiquants, tout comme les malheureux pangolins et éléphants.

Réserve de Selous
vers Singida
DODOMA
vers Arusha
P.N. RUAHA
Mwagusi Camp
Ruaha River Lodge
Great Ruaha
vers Mbeya
Makumbako
Iringa
Lugunga
2397
Rubeho Mts
Miukumi
Mkata Plain
Morogoro
P.N. MIKUMI
Uluguru Mts
Kisaki
Great Ruaha
Nyamambi
754
Selous Safari Camp
Luwego
Stiegler's Gorge Lodge
Rufiji River Camp
Selous Game Reserve
L. Utenge
Rufiji
Pwani
Utete
vers Dar-es-Salaam
Liwale
Matandu
Mafia
Vers Tunduma
Kilwa Kivinje
Mbwemburu
Kilwa Masoko
Kilwa Kisiwani
Mtandura
Sangarungu Haven
Kiswere
Lihimalyao
Kitumbini
Mkoe
Ruvu
Masasi
Lindi
Mchinga
OCEAN INDIEN
Plateau Makonde
Lindi Bay
Ndumbwe
Mikindani
Mtwara
Ruvuma
100 km
MOZAMBIQUE

On trouve également dans la région encore un animal nocturne et exceptionnel, l'oryctérope, ou fourmilier ; gros d'environ 70 kg, cet animal de couleur grise a un dos voûté, une tête allongée terminée par un long groin tubulaire et surmontée de deux grandes oreilles. Avec ses quatre doigts aux pattes antérieures et cinq aux postérieures, il creuse très habilement pour déterrer des insectes et fabriquer des terriers complexes. Le Selous est aussi habité par des grysboks, petites antilopes de plaine, et quelques sassabis, antilopes rarissimes avec des cornes inclinées d'abord en avant puis en arrière. La réserve accueille aussi plus de 350 espèces d'oiseaux et plus de 2 000 variétés de fleurs.

- **Saisonnalité :** la meilleure saison pour s'y rendre s'étend de la mi-juillet à début novembre, puis de fin décembre à mars.

Morogoro

Ville d'environ 250 000 habitants (5e du pays par la taille) et centre économique important, grâce aux infrastructures qui la relient à la côte, et à la richesse de son agriculture, Morogoro en lui-même n'est pas très intéressante. En revanche, c'est un lieu de passage vers le très beau parc national de Mikumi, situé à une cinquantaine de kilomètres seulement au sud-ouest par la Tanzam Highway ; c'est aussi la région des magnifiques montagnes Uluguru, où l'on peut faire de très belles marches. Ce sont les montagnes qui dominent la ville au Sud. Morogoro possède aussi des usines de chaussures, des usines textiles, des usines de fabrication d'emballages, des usines de transformation de toutes les récoltes, des plantations de tournesol et de tabac de la région. La ville accueille également de nombreux instituts de formation, dont l'école des instituteurs et l'université d'agriculture.

Dodoma

C'est en octobre 1973, douze ans après l'indépendance, que les dirigeants tanzaniens transfèrent la capitale de Dar es-Salaam à Dodoma, dans le centre du pays. Ce choix, surtout politique, fut réalisé dans le but de rééquilibrer la Tanzanie, totalement repliée sur l'est autour de Dar es-Salaam. Avec ce transfert, le pays s'assurait le développement économique du centre du pays, zone semi-désertique et dépourvue en eau durant la saison sèche. Chrétiens et musulmans acceptèrent sans broncher la décision. Si la décision du transfert de la capitale à Dodoma date de 1973, sa mise en œuvre représentait et représente toujours un coût exorbitant. Des bâtiments ont été construits, les ministères y travaillent un peu et les sessions parlementaires y ont lieu depuis 1996 : Dodoma est donc la capitale officielle du pays mais la plus grande partie du gouvernement est encore à Dar, ainsi que les ambassades.

La plupart des grands explorateurs sont passés par Dodoma, qui se trouvait sur la route des grandes caravanes. Dans cette région, assez aride, vivent les Wa Gogos. En plus de l'agriculture, les Wa Gogos vivaient des droits de passage et de taxes qu'ils prélevaient aux points d'eau. Les Allemands, puis les Anglais firent de la ville le centre du commerce de l'intérieur du Tanganyika. Un aéroport, que dominent d'imposants rochers, fut construit dans les années 1930.

Et heureusement, car Dodoma est une ville enclavée, desservie par le train Tazara (Tanzania Railways Limited) et par la route qui la relie à Dar via Morogoro.

Aérodrome
VETA
Mpwapwa Road
Moshi Avenue
Banque NBC
150 m.
Arusha Avenue
Mwanza Avenue
Kuu Street
Tabora Avenue
Mbeya Avenue
CCM
Mkamba Lodge
Lindi Avenue
Aladdin's Cave
Mosquée
CRDB
Kuu Street
Market Street
Mashariki Street
Dodoma
Cana Lodge
9 th Street
8th Street
7 th Street
6th Street
Mosquée
Mtendeni Street
Hatibu Avenue
Hospital R oad
Dar-es-Salaam Avenue
Eglise anglicane
Cathédrale luthérienne
Gare routière
Passage à niveau
Kikuyu Avenue
Poste
New Dodoma Hotel

La construction de cette route est assez récente car elle date de la fin des années 1970. Les Wa Gogos auraient probablement été oubliés et marginalisés sans l'établissement de Dodoma au rang de capitale. Aujourd'hui, ils profitent en effet de la présence des parlementaires à Dodoma pour faire entendre leur cause. Située à 1 115 m d'altitude, Dodoma, très plat, présente un tissu urbain plutôt diffus. D'un intérêt assez faible (ce qui explique pourquoi peu de politiciens y vivent et préfèrent le bouillonnement de Dar), la capitale conserve toutefois encore quelques bâtiments coloniaux allemands, dont la gare du Central Railway, la très belle cathédrale catholique Saint-Paul, la cathédrale anglicane de la Church Missionary Society (un temple sikh récupéré), un grand marché central qui mérite une visite et une zone piétonne. On peut y voir également, à proximité de la cathédrale catholique, un cimetière militaire anglais et allemand. La colline au nord de la ville s'appelle le rocher du Lion, et celle du sud, Inagi Hill, avec la source d'eau de la ville à son pied. A Bihawana, au sud-ouest de Dodoma, vous pouvez visiter le premier vignoble de Tanzanie : il fut planté par des missionnaires italiens en 1957. Depuis, la production a continué et le vin rouge de Dodoma figure au tableau des réussites du pays. Kondoa (et tous les sites rupestres) sont situés à 160 km au nord de Dodoma.

Mikumi National Park ★★

Petit par rapport à ses voisins Selous et Ruaha, il est en fait le cinquième plus grand parc du pays. Mais seul un petit tiers nord-est véritablement accessible, tant le sud, jouxtant le Selous, est resté sauvage et impénétrable. La rivière Mkata à l'ouest et des collines à l'est entourent la Mwana Mbogo Plain, offrant forêts sur les hauteurs et près des cours d'eau, savane et marais ailleurs. Mikumi présente de très beaux paysages, notamment grâce à ses cascades et aux montagnes qui l'enserrent, les Uluguru Mountains à l'est et les Rubeho Mountains à l'ouest, et donnent un fond bleuté à l'horizon. Le parc comprend une flore et une faune endémiques. La concentration animale y est spectaculaire : éléphants, lions, léopards, girafes, buffles, hippopotames, lycaons, nombreuses espèces d'antilopes dont une centaine d'hippotragues noirs, surtout dans le sud, et des grands koudous, gnous, zèbres, phacochères, civettes, chacals, babouins jaunes dans la région de Kikoboga, 300 espèces d'oiseaux… Mikumi et Selous, le premier jouxtant au sud le second, font partie du même écosystème. La végétation principale est composée de savane et de miombo sur les collines qui flanquent le parc (zone boisée d'arbres *Brachystegia*). La zone la plus traversée par les pistes est la plaine de Mkata, malheureusement fréquentée aussi par les mouches tsé-tsé : prenez donc vos précautions (manches longues en tissus épais…). Enfin, prenez garde au fait que la piste de Chamgore à Mwanambogo est souvent totalement impraticable. Le parc est une zone de recherche et d'observation privilégiée pour les écoles et les étudiants travaillant à la protection de l'environnement, de la faune et de la flore. Le parc est divisé en 3 zones qui vous permettront de voir certaines espèces rares, comme le chien sauvage et, dans le sud, des singes colobes noirs et blancs. La période de mars à juin doit être évitée en raison des pluies et de la hauteur des herbes qui dissimule trop la faune. Pendant cette période, un 4x4 est nécessaire.

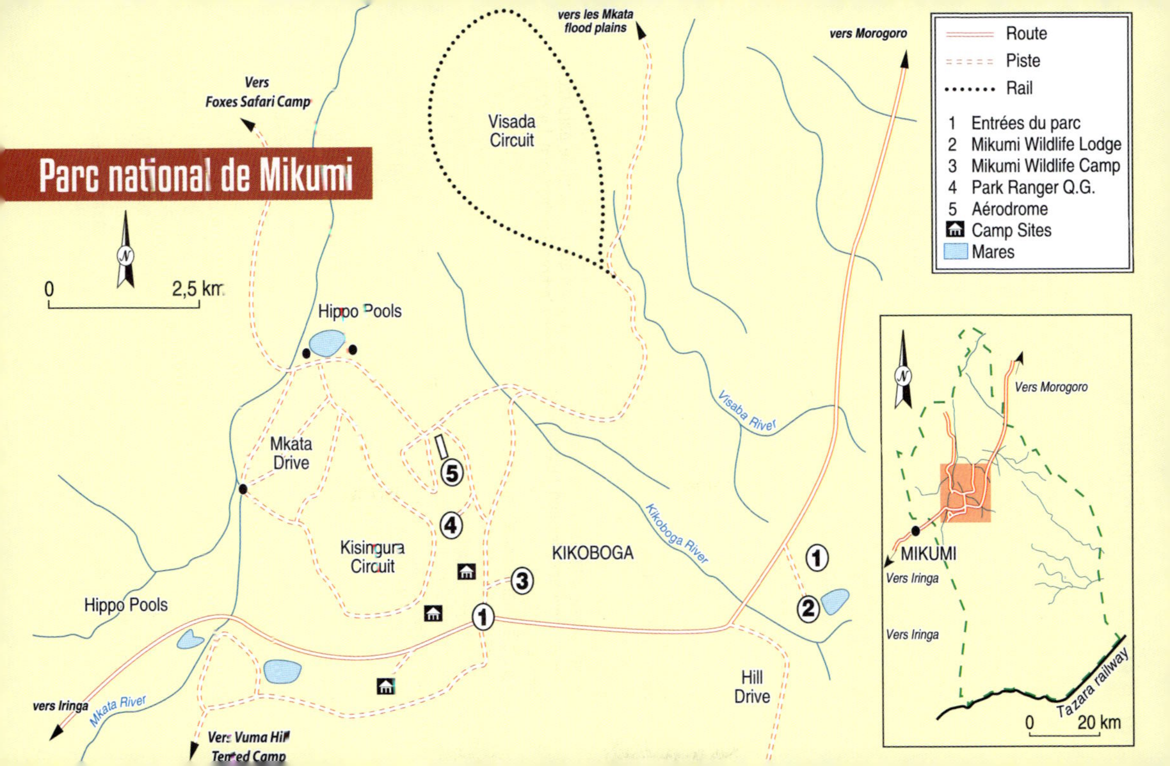

Parc national de Mikumi
0
2,5 km
Route
Piste
Rail
1 Entrées du parc
2 Mikumi Wildlife Lodge
3 Mikumi Wildlife Camp
4 Park Ranger Q.G.
5 Aérodrome
Camp Sites
Mares
Vers Foxes Safari Camp
vers les Mkata flood plains
vers Morogoro
Visada Circuit
Hippo Pools
Mkata Drive
Kisingura Circuit
KIKOBOGA
Visaba River
Kikoboga River
Hill Drive
Hippo Pools
vers Iringa
Mkata River
Vers Vuma Hill Tented Camp
Vers Morogoro
MIKUMI
Vers Iringa
Vers Iringa
Tazara railway
0
20 km

Mikumi

A 312 km de Dar es-Salaam, cette petite bourgade sans intérêt s'étend le long de la Tanzam Highway, juste après avoir traversé le parc national du même nom.

Udzungwa Mountains National Park ★

Ce parc de 1 900 km² (6e par la taille), créé en 1992 – quoique déjà en partie Réserve forestière depuis les années 1950 – possède une belle amplitude d'altitude : de 300 m à 2 576 m. Il se situe à l'ouest de la partie nord du Selous et il est distant de 10 km seulement du sud-ouest du parc de Mikumi. Il s'étend de la forêt de Mwanihana, à l'ouest de Morogoro, à la forêt de Kilombero ouest, à l'est d'Iringa, et est bordé au nord par la rivière Grande Ruaha que longe la route de Dar à Mbeya (Tanzanian Zambia Highway).

Le parc est habité, entre autres, par des lions, des léopards, des hippotragues noirs, des élans, des guibs harnachés, des céphalophes, des éléphants, des buffles, des colobes rouges d'un type endémique, des souï-mangas, endémiques également... En tout, six espèces de singes (deux endémiques) dont les mangabeys, babouins noirs et jaunes, singes violets, reptiles (caméléons, serpents...). Ce parc est aussi l'un des dix plus importants d'Afrique pour la préservation de la faune ornithologique. Il comprend en outre de nombreuses espèces végétales (2 000), dont 20 % à 30 % sont inconnues ailleurs. Ses forêts jouent un rôle très important dans l'économie du pays : construction, ustensiles, huiles et miel, produits médicinaux... Par rapport à d'autres parcs, l'établissement de celui-ci a été marqué par une forte collaboration entre les villageois des alentours et les responsables de la conservation. Cette région a été préservée de toute occupation humaine en raison de l'enchevêtrement de ses montagnes escarpées, qui culminent au Luhombero. Certaines chutes d'eau sont impressionnantes, notamment celles de Sanje, hautes de 170 m. Le parc ne comprend ni route ni piste. Les explorateurs doivent donc marcher, à partir du quartier général du parc, sur des itinéraires prenant de 15 minutes à quelques jours, en dormant sous la tente. Meilleure période : de juin à octobre et de décembre à février.

Iringa

A 502 km au sud-ouest de Dar es-Salaam, sur la ligne principale du Tazara, Iringa est une assez jolie ville, posée à 1 600 m d'altitude sur un petit plateau rocheux dominant la rivière Little Ruaha. La région est fertile et produit tabac, maïs, fruits et légumes. Elle est également un centre important de la production de thé en Tanzanie ; les jours de marché, le mélange des populations d'expatriés et des tribus locales rend l'air d'Iringa excitant. Les bâtiments du Old Boma, de la mairie (Town Hall), de l'hôpital et du bureau de poste portent la marque de l'influence germanique. Cette ville aux belles allées de jacarandas a gardé aussi des maisons coloniales de l'époque allemande, avec quelques arcades, et le fort d'Iringa, construit en 1896, deux ans après la prise du fort de Kalenga par les Allemands, afin de lutter contre la guérilla Hehe en cours. Cette ethnie, toujours majoritaire dans les hautes terres couvertes de savanes de la région, tient son nom de son cri de guerre.

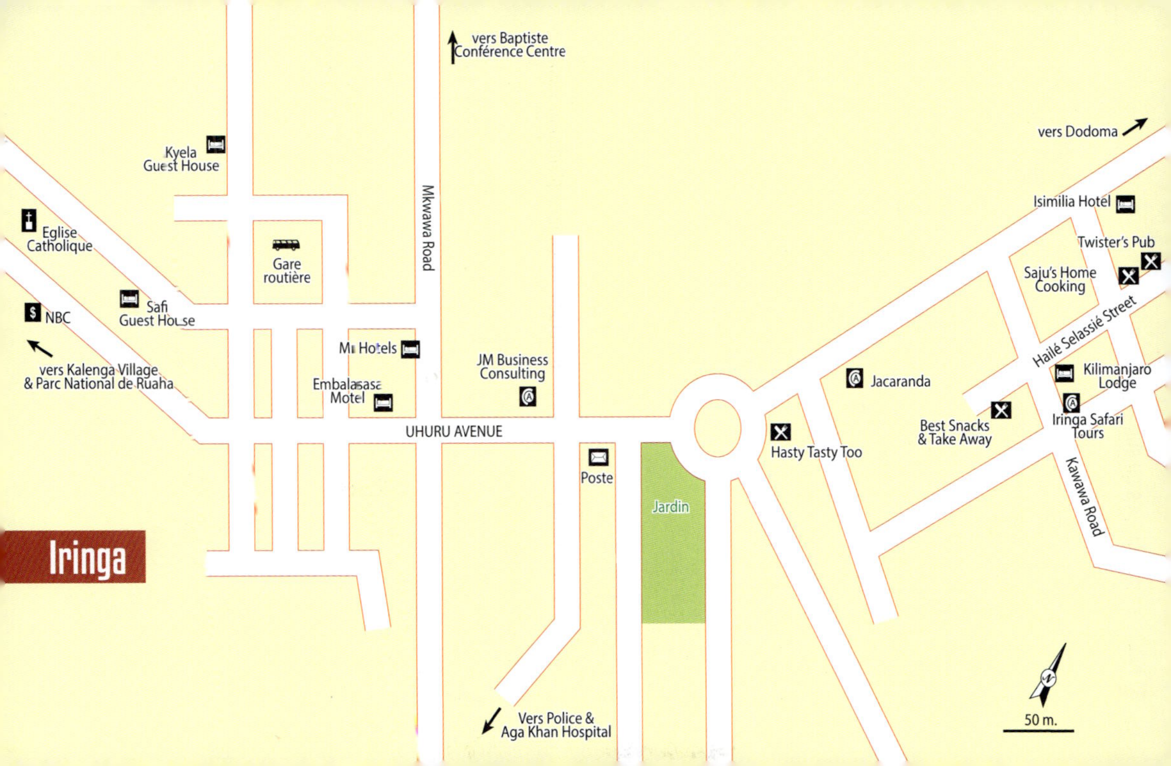
Iringa
vers Baptiste Conférence Centre
vers Dodoma
Kyela Guest House
Eglise Catholique
Gare routière
Mkwawa Road
Isimilia Hotel
Twister's Pub
Saju's Home Cooking
Safi Guest House
NBC
vers Kalenga Village & Parc National de Ruaha
Mi Hotels
Embalasasa Motel
JM Business Consulting
UHURU AVENUE
Haile Selassie Street
Kilimanjaro Lodge
Jacaranda
Iringa Safari Tours
Best Snacks & Take Away
Hasty Tasty Too
Poste
Jardin
Kawawa Road
Vers Police & Aga Khan Hospital
50 m.

Pendant les guerres tribales du XIXe notamment, elle avait eu à combattre les Gogos au nord et les envahisseurs Ngonis au sud. Kalenga se trouve à une douzaine de kilomètres au sud-ouest du centre d'Iringa. Cette place forte avait été construite par le chef Mkwawa, dont la tribu s'était révoltée contre l'hégémonie allemande, et dont la tête avait été mise à prix avec la promesse d'une récompense de 5 000 roupies. Le fort est principalement constitué d'un mur de 13 km de long et de 4 m de haut. Il abrite la tombe d'un soldat allemand, Maas, qui mourut pendant les combats. La visite de ce fort peut se faire à vélo depuis Iringa. Pas très loin, il peut être intéressant de faire une halte à Isimilia, un important site préhistorique au milieu d'impressionnants piliers d'érosion en terre rouge. Mais Iringa est avant tout un bon point de chute pour aller visiter le Parc national de Ruaha.

Ruaha National Park ★★

Créé en 1964, sur 12 950 km^2, à l'ouest d'Iringa, il est le troisième plus grand parc de Tanzanie, 13 fois plus grand que le Maasaï Mara au Kenya par exemple, érigé en réserve de chasse dès 1910. Il tient son nom (en langue hehe, l'ethnie de la région) de la rivière qui forme sur 160 km toute sa limite est, et qui se jette dans la Rufiji. Le Ruaha est très certainement le plus beau parc du pays, et par conséquent le plus beau et le plus sauvage du monde. C'est aussi, avec le Selous, le plus important des sanctuaires d'éléphants. Eloigné de tout, il est encore très peu visité. Cela concourt à faire de ce parc un lieu réservé à un tourisme d'élite, du moins d'un point de vue financier.La faune y est absolument exceptionnelle : en plus des classiques lions, léopards, guépards, éléphants, hippopotames, crocodiles, girafes, buffles, guibs harnachés, élans et autres, il est presque facile d'y voir des grands et des petits koudous, des hippotragues noirs, des antilopes rouannes, des oryx, des babouins jaunes, des lycaons et beaucoup d'autres, sans oublier 370 espèces d'oiseaux (plus de 460 d'après certains), 38 espèces de poissons et 1 650 plantes différentes... La végétation, parsemée de *kopjes*, est très variée d'un endroit à l'autre du parc : miombo (bois secs et assez denses de *Brachystegia*), baobabs, palmiers et savane herbeuse dans les plaines, acacias le long des cours d'eau, figuiers sauvages, Commiphora...

Njombe

Cette ville est un centre économique important pour la région, et centralise un certain nombre d'administrations agricoles. Même si les températures sont très basses en hiver et qu'il y gèle, tout pousse dans les environs : la pluie et le soleil sont abondants tout au long de l'année et la terre d'origine volcanique est extrêmement fertile. On y fait pousser par exemple des Artemisa annua de 13 m de haut. Cette plante utilisée depuis 4 000 ans en Asie du Sud-Est, sert à lutter contre le paludisme. Mais ici est le seul endroit au monde où elle atteint une telle amplitude. Njombe peut être le point de départ de très belles randonnées en montagnes dans des endroits parmi les moins connus et visités de tout le pays. Une route part en effet à l'ouest de la ville en direction de Tukuyu (située sur l'axe routier qui va de Mbeya au lac

Ruaha National Park.

Nyasa) et traverse un récif montagneux flirtant avec les 3 000 m : au nord de la route, les montagnes de Kipengere et le plateau de Kitulo ; au sud, les monts Livingstone, qui dominent le lac Nyasa.

Kitulo Plateau National Park ★★

Au cœur des montagnes Kipengere émerge à 2 800 m une vaste étendue herbeuse, parsemée d'une flore abondante, qu'il convient de visiter de novembre à mai, lors des saisons pluvieuses (une fois n'est pas coutume), lorsque les fleurs se parent de leurs plus belles couleurs. La richesse florale (avec près d'une cinquantaine d'orchidées déjà recensées) est telle qu'il est prévu de créer un parc national. Une entrée est déjà en place, avec ses gardiens, bien que le périmètre ne soit pas encore payant. Il y a une dizaine de voies d'accès à faire à pied ou à vélo, dont au moins une des plus sportives démarre depuis les rives du lac Nyasa.

Songea

Située à 1 100 m d'altitude, cette ville de 130 000 habitants, centre administratif, vit du maïs, du café et du tabac. C'est ici la région des Ngoni, qui participèrent à la révolte Maji-maji en 1905, et dont le chef donna son nom à la ville. Au cours de leur histoire, des Ngoni s'étaient déjà férocement battus contre les Maasaï, lorsque ceux-ci conquirent une bonne partie du Kenya et de la Tanzanie actuels, et contre les Hehe du chef Mkwawa, dans la région d'Iringa. Leur maison traditionnelle a la forme d'un large dôme. Au nord-ouest de Songea, habitent les Wa-Pangwa, croyant que le monde a été créé à partir d'excréments de fourmis. A 19 km de Songea, sur la piste de Mbamba Bay, se dresse la grande abbaye bénédictine de Peramiho, fondée par des bénédictins bavarois en 1898. Les moines prennent une part active dans le développement de la région : école, apprentissage, hôpital réputé dans tout le pays…

RÉGION DES GRANDS LACS

La Tanzanie avec ses trois grands lacs (Nyasa, Tanganyika et Victoria, en remontant du sud-est au nord-est) possède de vraies mers intérieures et des records mondiaux. Ces lacs sont autant des merveilles pour les habitants, que pour les visiteurs. Riches en poissons, et de nombreuses autres espèces, ils approvisionnent en nourriture des millions de personnes (30 millions pour le seul lac Victoria sur plusieurs pays). Pour les touristes, ces lacs sont de magnifiques paysages, et des opportunités de plongée sous-marine, de jet-ski et tout simplement de baignades mémorables.La faune et la flore leur sont propres. Le lac Nyasa comporte ainsi des poissons tropicaux que l'on ne trouve que dans ses eaux. Le Tanganyika est un pays à lui seul, tellement il est vaste. Il est le second plus profond au monde et compte plus de 300 espèces, dont certaines sont endémiques.Aujourd'hui, se pose la question de la préservation de l'environnement. C'est surtout le cas du lac Victoria, le plus grand d'Afrique et second au monde. Si le film de l'Autrichien Hubert Sauper ne lui a pas fait du bien (Le Cauchemar de Darwin, sorti en 2005), les millions de litres d'égouts non traités déversés chaque jour depuis les centres urbains, selon un rapport de 2006 des Nations unies, condamnent tout autant ce fantastique poumon de la vie aquatique. On passe aussi les lessives et les voitures nettoyées avec l'eau du lac qui y est ensuite rejetée. Dans l'ensemble, c'est un plaisir que de voir et de toucher ces étendues d'eau. Le Tanganyika et le Victoria figurant au palmarès des plus grands lacs du monde, c'est quelque part une visite spéciale que propose la Tanzanie, avec le Kilimandjaro, le Serengeti, et les réserves marines. Bienvenue au pays du gigantisme au naturel !

Lake Nyasa ★

Nyasa veut dire « Grande eau », et ce lac est en effet le troisième plus vaste d'Afrique (long de 550 km, large de 75 km, couvrant une surface de 11 400 km²), dont la superficie est comparable à celle de la Belgique. Il fut découvert par le Portugais Gaspar Bocarro en 1616.
A la différence des eaux du lac Victoria rejoignant la Méditerranée, et des eaux du lac Tanganyika aboutissant dans l'océan Atlantique, les eaux du lac Nyasa se mêlent, au Mozambique, à celles du fleuve Zambèze, qui se jette dans l'océan Indien. Ce lac est le plus au sud du grand rift est-africain, et sa manifestation géologique la plus méridionale. Toute cette contrée montagneuse est superbe, de même que la vue que l'on peut avoir sur ce long lac encaissé de 2 600 km², dominé à l'est par les monts Livingstone. Le lac lui-même est à 472 m (pour une profondeur de plus de 500 m), et la chaîne montagneuse qui l'entoure culmine à presque 3 000 m. Bien que nuageux seulement par intermittence, il y pleut plus de 2 000 mm d'eau par an, car les montagnes du nord du lac (les monts Poroto avec le beau plateau de Kitulo à l'est, les montagnes de Kipengere et de Livingstone) retiennent

tous les nuages amenés par les vents dominants de sud-est ; des nuages qui proviennent de l'océan Indien, alourdis sur leur trajet par l'évaporation du lac. Les monts Poroto sont renommés pour leur intérêt ornithologique (en particulier pour la veuve des marais). Le lac Nyasa est lui peuplé de nombreux poissons cichlidés (plus de 600 espèces), et son écosystème est assez semblable à celui du lac Tanganyika. Les hippopotames et les crocodiles ne sont présents qu'autour des grandes embouchures.
Le lac Nyasa est en fait entièrement au Malawi, à cause du partage de l'époque coloniale, dont tous espèrent qu'il n'aura pas de fâcheuses conséquences à long terme, si la démographie ou simplement les exigences de rendement, augmentent. La pêche est la base de l'économie locale, et les pêcheurs tanzaniens sont quand même tolérés sur les eaux du lac. Ne dites pas, en tout cas, lac Malawi, les locaux n'apprécieraient pas... Et c'est peu dire ! A 60 km de la rive nord, sur la côte est, se trouve Manda, point d'arrivée des caravanes de Kilwa. Un chemin de fer devait être construit sur cette route, comme ce fut fait entre Dar-es-Salaam et les lacs Tanganyika et Victoria, lorsque la Première Guerre mondiale éclata. La région est aujourd'hui isolée et sous-développée.

Mbamba Bay

Mbamba Bay est le port tanzanien le plus au sud sur le lac Nyasa. Ce qui explique le transit régulier de Mozambicains ou de Malawites. Un bureau de l'Immigration y est donc ouvert et veille (comme d'autres ailleurs de par le monde) à ce qu'il n'y ait pas de vagues d'immigration inopportunes... Sinon, le lieu est véritablement un petit paradis isolé de toute fréquentation touristique et où il fait bon vivre, bien que le développement tarde sérieusement à venir. Le village ne bénéficie ni de la fée électrique ni de celle du téléphone.
C'est même pire que cela : le niveau de vie augmentant moins vite ici que son coût, les gens n'ont souvent plus les moyens d'entretenir ce qu'ils possédaient... En attendant, le voyageur trouvera là un havre de paix idéal pour une halte prolongée, en attendant la venue du ferry.

Matema

Au nord du lac, Matema Beach est réputée pour être la plus belle plage de la région.

Kyela

Petite bourgade qui grouille d'activité, sans beaucoup d'intérêt. C'est une halte obligatoire pour les voyageurs se rendant au lac Nyasa, ou en revenant. On y trouve aussi un bureau pour les réservations de billet sur le *MV Songea*. De là, il est possible de rejoindre Matema à 40 km (pour ses plages), Itungi (pour prendre un ferry) et Ipinda (pour gagner Matema ou Tukuyu en passant par le lac du cratère de Masoko).

Tukuyu

Cette ville froide et peuplée d'environ 50 000 habitants ne présente pas d'intérêt en elle-même, mais ce peut être un point de départ vers de belles excursions : Rungwe et les Kyejo Mountains, plateau de Kitulo, le pont naturel (Daraja la Mungu), le gros chaudron (Kijungo), les chutes de Kaporgwe, le lac Masoko...

La région volcanique est absolument magnifique et par ailleurs fertile : à perte de vue, on voit des plantations de thé toujours vertes (ces terres sont idéales, entre 1 800 m et 2 400 m d'altitude). Vivant dans la région, la tribu des Nyakusas continue majoritairement à occuper son habitat traditionnel : il est très intéressant d'aller à leur rencontre. L'autre ethnie locale, les Kisis, est également digne d'être connue ; ce sont en particulier de très habiles potiers. Tukuyu présente la particularité d'avoir été détruit deux fois de suite par un tremblement de terre, en 1910 et 1919.

Uyole

A la jonction de la Tanzam Highway et de la route pour le lac Nyasa et le Malawi, cette petite ville peut faire l'objet d'une halte pour la nuit pour ceux roulant avec leur propre véhicule, et ne voulant pas passer la nuit à Mbeya (13 km à l'ouest).

Mbeya

Mbeya est la grande capitale agricole du sud-ouest de la Tanzanie (275 000 habitants), dans une région aux magnifiques paysages. Grand centre missionnaire, la ville n'a été fondée qu'en 1927 par les Britanniques. Cette période est aussi celle de la ruée vers l'or car de précieux minéraux furent découverts.

Aujourd'hui, la course s'est estompée, mais Mbeya continue de fournir chaque année son poids en or. Située à une centaine de kilomètres de la frontière zambienne et à 860 km de Dar es-Salaam par la route (qui n'en finit pas !), c'est une belle ville à plus de 1 700 m d'altitude, au pied de montagnes culminant à plus de 2 400 m. Si peu de touristes y viennent, Mbeya (prononcer [Mbéa]) mérite pourtant le détour.

Cette région agricole est encore peu explorée par les visiteurs. Seconde région productrice de café en Tanzanie, mais qui produit le meilleur de tout le pays (au point d'avoir acquis une certaine popularité en Allemagne), Mbeya est un centre d'échange important car c'est la seule grande ville entre Iringa, le Malawi et la Zambie, par la route comme par le train, sur la ligne Tazara (Tanzania Zambia Railway). On cultive aussi le thé et les bananes.

Il y a quelques millions d'années, elle fut le théâtre d'une activité volcanique et sismique très violente à laquelle on doit aujourd'hui la présence de nombreux cratères, de gorges et de vallées profondes abondantes en cours d'eau.

Ainsi, il vaut la peine d'aller voir par exemple les chutes d'eau de Kapologwe (à Makete), Nzovwe, Mlowo, Salala, Kitekelo, Nagwamo, Nyihemi ou Nyengenge.

Tunduma

A 116 km de Mbeya sur la Highway Tanzam, Tunduma est la dernière bourgade tanzanienne avant la frontière zambienne. Elle est située à 1 600 m d'altitude, sur le rebord d'un plateau dominant toutes les plaines de la région. Il n'y a très franchement rien à y faire et comme souvent avec les villes frontières de par le monde, il n'est jamais très sûr de s'y promener. On évitera donc d'y faire halte.

VERSION NUMÉRIQUE
OFFERTE
Obtenez votre guide numérique en scannant le QR code
ou rendez-vous sur le site
www.ebookfute.com
avec le code avantage
9L9M5L
petit futé
LE GUIDE QUI VA À L'ESSENTIEL
TANZANIE
ZANZIBAR
WWW.PETITFUTE.COM
OFFRE VALABLE JUSQU'À L'ARRÊT DE COMMERCIALISATION DU TITRE EN FRANCE MÉTROPOLITAINE ET DANS LE MONDE ET SOUS RÉSERVE QUE LE NOMBRE DE TÉLÉCHARGEMENTS SOIT INFÉRIEUR OU ÉGAL AU NOMBRE D'EXEMPLAIRES DE GUIDES PAPIER IMPRIMÉS. FORMATS DISPONIBLES POUR SMARTPHONES, TABLETTES, LISEUSES ET ORDINATEURS PC OU MAC.
© PERFECTLAB - SHUTTERSTOCK.COM

Lake Tanganyika ★

Découvert en 1858 par les explorateurs anglais Burton et Speke, ce lac, large de 60 km en moyenne, est le plus long du monde (680 km, ce qui fait une surface d'à peu près 32 000 km^2), et le deuxième plus profond (1 435 m) après le lac Baïkal (1 740 m) ; le fond étant situé à 655 m sous le niveau de la mer et la surface à 770 m d'altitude. Il serait né il y a environ 20 millions d'années, par l'écartement des plaques continentale et orientale du continent africain, et continue à s'élargir chaque année de quelques centimètres. C'est une vraie mer intérieure d'eau douce où se sont développées un grand nombre d'espèces spécifiques, comme les éponges et les méduses. De vraies tempêtes s'y produisent de temps en temps. Le lac doit sans doute beaucoup de sa beauté à son encaissement (comme le lac Nyasa) : les monts qui l'entourent dépassent les 2 600 m. Bujumbura, la capitale du Burundi, forme son extrémité nord, la République démocratique du Congo, sa rive ouest, et la Zambie, son extrémité sud. Sur la rive congolaise, à Kalemie (capitale du Nord Katanga), la rivière Lukuga conduit les eaux du lac jusqu'au fleuve Congo, qui se jette dans l'Atlantique (les montagnes du Grand Rift, à l'est, constituent un obstacle trop important vers l'océan Indien). Du côté tanzanien notamment, de nombreuses rivières se jettent dans le lac. Cet écoulement permanent a pour conséquence la faible concentration en sels minéraux de ses eaux : moins de 0,4 g par litre.

© GUENTERGUNI – ISTOCKPHOTO.COM

Zèbre vivant sur les rives du Lake Tanganyika.

Biodiversité. L'ancienneté et la taille inhabituelle du lac lui ont valu une biodiversité exceptionnelle, spécialement sur une bande côtière d'une cinquantaine de mètres de largeur. Il recèle plus de 200 espèces de poissons cichlidés, apparus il y a 5 millions d'années, de 1 à 40 cm de long, prolifiques grâce à la variété de leur alimentation et au grand soin qu'ils apportent à protéger leurs œufs et leurs alevins, qu'ils stockent parfois dans leur bouche. On y trouve encore d'autres espèces spécifiques comme le barracuda, le poisson-chat et le maquereau du Tanganyika, ou le *Dagga engraulicypris*, une petite sardine frayant près de la côte, mais qui vit plus au large en bancs.

On y trouve également des crabes, mollusques et crustacés endémiques. Les cormorans, martins-pêcheurs géants, balbuzards, loutres à cou tacheté ou loutres du Congo sont les principaux prédateurs de toute cette faune lacustre, et tirent parti de la clarté de l'eau (jusqu'à 20 m de profondeur). Parmi ces prédateurs, citons encore les grosses tortues d'eau qui aiment à dévorer les œufs des cichlidés.

Lac Tanganyika
BUR.
vers Mwanza
et Boroba
P.N. GOMBE
Kigoma
Ujiji
0
75 km
Kaleme
P.N.
MAHALE
MTS
2373
Lac Tanganyika
Ugalla River
G.R.
Mpanda
Karema
P.N.
KATAVI
CONGO
DEMOCRATIQUE
Mtakuja
Kipili
Uwanda
G.R.
Mbizi Mts
Sumbawanga
Kasanga
Chutes d'eau
de Kalambo
ZAMBIE
Laela
Mpulungu
Mbala
vers
Mbeya

Comme dans les autres lacs, il faut éviter la proximité des deltas d'embouchure des rivières (comme à 60 km au sud de Kigoma, celui de la Malagarasi, une rivière descendant des hauts plateaux) à cause des crocodiles, des hippopotames et des cobras d'eau uniques au monde, pêchant le jour et passant la nuit dans les rochers de la rive. Généralement, les crocodiles fuient les rivages fréquentés (villages, parc de Gombe Stream...) où ils peuvent être dérangés dans leurs bains de soleil et dans la ponte des œufs (qu'ils enterrent dans le sable).

La pêche au large est abondante : tilapias, perches du Nil, poissons-chats, poissons-tigres, sangaras, et dagaas fréquemment mangés frits ou séchés au soleil et envoyés par cargaisons entiers dans le reste du pays.

De nombreux pêcheurs habitent les rives du lac. Ces pêcheurs, qui vivent dans des cases en torchis, travaillent surtout la nuit : ils utilisent des lampes à pétrole sous pression pour attirer les sardines dagaas. Ils frappent alors sur un côté de la barque, et tous les poissons effrayés se précipitent dans le filet. Le matin, toute la pêche est étalée sur du gravier pour sécher au soleil. La profondeur du lac maintient l'eau relativement fraîche, et très saine ; on peut se baigner à peu près partout, à condition de bien se renseigner auprès des locaux sur la présence éventuelle d'hippopotames ou de crocodiles... Avant de vous jeter à l'eau, ayez aussi à l'esprit que la vue de corps trop dénudés pourrait choquer une partie de la population musulmane implantée sur les bords du lac, donc couvrez-vous en conséquence.

Sumbawanga

Le nom de cette ville siffle à l'oreille comme un prénom de chef de tribu. On est ici dans la tranquillité du Sud-Ouest. Petite bourgade qui grandit encore et toujours, Sumbawanga a du charme. La population, amicale et conviviale, est celle des petites villes. Tout le monde se connaît, se salue. Le soir venu, les rues s'animent, les gens prennent le temps de discuter, adossés à leur maison,

Hippopotame du Katavi National Park.

© GUENTERGUNI – ISTOCKPHOTO.COM

Lycaons du Katavi National Park.

malgré la fraîcheur naissante en raison de l'altitude (1 800 m). Il devient alors bien agréable de finir sa journée à la terrasse d'un café où l'on ne manquera pas de venir vous faire la conversation. La ville n'est malheureusement qu'un lieu de transit pour le voyageur. Hormis la réserve d'Uwanda, connue seulement des chasseurs émérites, il n'y a pas grand-chose à voir dans le coin. On peut toutefois atteindre le lac Rukwa, assez proche, randonner dans les montagnes sauvages de Mbizi ou encore aller jeter un œil aux chutes d'eau de Kalambo, ainsi qu'au lac Tanganyika. Aucun autre accès au lac n'est plus aisé avant Kigoma à près de 600 km de là…

Katavi National Park ★

Créé en 1974, 4 471 km² (le troisième plus grand du pays), 900 m d'altitude. Situé au sud-est de Mpanda (40 km, soit une heure de piste) et des Mahale Mountains, à 400 km au sud de Kigoma, et au nord de Sumbawanga, à 450 km de Mbeya, ce parc extrêmement reculé n'est commodément accessible qu'en avion-taxi. Évidemment cela coûte cher, autant qu'un safari de chasse au Selous, tous les ravitaillements se faisant par voie aérienne. Ce parc a été créé à la demande des habitants de la région. Il est réputé pour son côté sauvage extrême et accueille encore très peu de visiteurs (seulement 200 par an, contre 120 000 dans les parcs du Nord !). Le lac Katavi, cerné au nord et à l'est d'un vaste marais, est séparé du lac Chada, dans le sud-ouest, par une immense zone marécageuse : la rivière de Katuma. Le reste du parc est composé de savane herbeuse et de bois, sur une plaine au sol sablonneux, que dominent quelques collines au nord. La faune est très riche : plus de 400 espèces d'oiseaux, notamment des espèces adaptées au milieu marécageux, éléphants, buffles (plus de 1 500), zèbres, topis, hippopotames, hippotragues noirs, antilopes rouannes, élans, léopards, lions et crocodiles.

La période la plus intéressante pour la visite de ce parc s'étend de juillet à octobre.

Kasanga

Situé au sud du lac, près de la frontière zambienne, Kasanga, le dernier port digne de ce nom de la côte tanzanienne, a une histoire : c'est l'ancienne Bismarckburg. On peut voir les ruines imposantes de sa forteresse sur la presqu'île à l'ouest du ponton du ferry. Bismarckburg fut le lieu de sévères combats pendant la Première Guerre mondiale. Les Allemands s'en servaient comme base pour repousser les Anglais et les Belges hors de la région, et effectuer des raids sur terre ou sur le lac. Deux navires belges coulèrent, devant le port, le vapeur Von Wissman, qui n'était pas sérieusement armé. Un renfort sud-africain obligea finalement les Allemands à se replier vers leur centre, Tabora, le 6 juin 1916.

Aujourd'hui, Kasanga est une commune composée de trois villages dispersés sur la baie. Le plus proche de l'embarcadère est Lusambo, le plus éloigné est Muzi. L'embarcadère est pour sa part à l'extrémité sud de la baie. Il est possible de le rejoindre depuis Muzi avec une barque à moteur. A l'embarcadère, on trouve une buvette vendant gâteaux et boissons, et un petit resto local où l'accueil est formidable.

Kalambo Falls

Ces chutes sont les plus grandes d'Afrique après les chutes Victoria, au Zimbabwe. Hautes de 215 m, elles se situent dans un environnement naturel très riche, notamment sur le plan ornithologique. Elles bénéficient de points de vue superbes, surtout depuis la Zambie. C'est également un site archéologique d'importance (habitats, haches acheuléennes, etc.) qui aurait été occupé à l'Age de pierre, il y a 60 000 ans, lorsqu'un lac s'y étendait.

Mahale Mountains National Park ★★

Trente fois plus grand que Gombe Stream, le parc s'étend sur environ 50 km du nord au sud, le lac Tanganyika formant sa limite ouest. La chaîne des montagnes de Mahale, dans le même axe nord-nord, ouest-sud sud-sud-est que le lac, forme le plissement est du Grand Rift. Tout le versant ouest de ces montagnes retient particulièrement les pluies (1 870 mm par an en moyenne, parfois 2 600 mm). De nombreuses vallées accueillent rivières et cascades. La chaîne forme en somme une sorte d'île de forêt pluviale sur une zone plus sèche de bois clairsemés appelée *miombo* par les habitants de la région, du nom des *Brachystegia*, arbres faiblement espacés et d'une hauteur d'environ 10 m. Il s'agit d'un dernier reste oriental de l'immense forêt qui couvrait le continent d'ouest en est, il y a plus de 2 millions d'années. Il y pousse plus de 550 espèces de plantes.

L'ascension du sommet, le mont Kungwe (2 462 m), possible en 2 jours, ou la marche sur l'arête principale de la chaîne, sont deux possibilités bien séduisantes, car en plus de l'abondante faune rencontrée, la vue plongeante sur le lac est splendide.

L'animal le plus remarquable du parc est sans doute le chimpanzé. Entre 1 000 et 2 000 individus, soit une vingtaine de groupes, se partagent la zone. Depuis 1961, de nombreuses équipes de chercheurs, en particulier japonais, sont venues les étudier.

Parc national des Mahale Mountains
0
10 km
N
Camp d'observation
Refuge
SITETE
MASALA
Mt Muhensabantu
Mt Humo
Mt Nkungwe
Quartier général du parc
KASOGE AREA
IGABULILO
LUBUGWE
MASABA
LUMBYE
MUGEWE
LAC TANGANYIKA
Acacia
Forêt des Basses-Terres
Forêt de montagne
Bois de miombo & bush d'Oxytenanthera (bambou)
Limite du parc
Limite de zone
Camp de surveillance anti-braconnage
Camp d'observation
Refuge

Il faut également citer le guib, le céphalophe bleu, le grysbok, la mangouste à queue poilue, le porc-épic, le colobe bai et colobe guereza d'Angola (une sous-espèce très distincte), les lions (peu nombreux, mais en réapparition), léopards et buffles. Touracos, calaos, francolins, aigles couronnés, aigles pêcheurs et autres oiseaux variés peuplent la forêt. Sur le versant est, plus sec, habitent des éléphants, des phacochères, des girafes, des antilopes rouannes, des lycaons, des hyènes et des lions.

Kigoma

Lieu de passage vers Bujumbura, au Burundi (la frontière est à 50 km seulement au nord sur la côte), et vers Mpulungu, en Zambie, Kigoma est le port le plus important du lac Tanganyika. Mais c'est aussi le terminus de la ligne de chemin de fer, qui traverse le pays en son centre depuis Dar es Salaam. Cette ville a été créée par les Allemands. Il n'y avait là, avant l'arrivée du train, que quelques villages de pêcheurs. Aujourd'hui, Kigoma est une grosse ville vivant du port.

Kigoma dégage une atmosphère à part ne ressemblant à nulle autre dans le pays, et c'est tant mieux pour cette ville. La région est habitée par l'ethnie ha, en partie islamisée par les Arabes jusqu'au XIXe siècle. Les Has sont un peu isolés, en raison du faible équipement routier, et connus pour leurs croyances et rites nombreux.

Ujiji

D'Ujiji, l'histoire a retenu cette fameuse question : « Docteur Livingstone, I presume ? » C'est en effet ici, sur les bords du lac Tanganyika, à 10 km au sud de Kigoma, que le journaliste Henry Morton Stanley retrouva en 1871, le Dr David Livingstone, fameux explorateur parti à la recherche des sources du Nil. Auparavant, les Britanniques Burton et Speke passèrent à Ujiji en février 1858, date à laquelle ils commencèrent leur exploration du lac Tanganyika. Cette rencontre mythique, deux années avant la mort de Livingstone en Zambie, est commémorée par un monument et un pseudo-musée sans grand intérêt, à part les immenses manguiers de son site, dans la Livingstone Street.

Ujiji était autrefois le point d'arrivée des caravanes en provenance de la côte et le point de départ de celles qui y retournaient, notamment pour emmener les esclaves capturés ou achetés par les Arabes. A la fin du XIXe siècle, Ujiji fut dominé par un Arabe puissant, Rumaliza, installé là après avoir été battu au Congo par les Belges. Mais il commit l'erreur stratégique de s'allier avec les Hehes en révolte contre les Allemands, et ces derniers le chassèrent de la ville, où ils établirent un poste dès 1896. L'ethnie bantoue dominante est ici celle des Wa-Has, mais l'influence arabe est clairement visible. Ces Bantous sont majoritairement musulmans, et la ville présente plusieurs maisons d'architecture swahilie, typique de la côte océanique (quelques intérieurs et certaines portes ouvragées). Une mission catholique y fut installée très tôt ; la belle école a été nationalisée et un petit séminaire anglophone a été reconstruit.

Le plus intéressant ici, c'est surtout le port de pêche au bout de cette rue, avec un chantier naval de boutres et une plage très agréable du côté nord, où vous pouvez passer un bel après-midi.

Kigoma
LAC TANGANYIKA
LAC TANGANYIKA
Aqualodge
TRC Marine Service
Ferry MV Liemba pour Kasanga & Mpulungu
The Jane Goodall Institute
Croix Rouge
Gare ferroviaire
Poste
Centrale Electrique Tanesco
vers Hilltop Hotel, Bangwe Village, Katonga Village & Jacobsen's Guest House
Stanley Road
Route de la Côte
Kaya Road
Gare des Matutus pour Ujiji
Consulat du Burundi
Consulat du Congo démocratique
Police
Baby Come & Call
Pajatan Bureau de change
Pharmacie Mamboleo
Lumumba Street
Sun City Silver Coins
Stanley Bar & Restaurant
Marché
NBC
Precision Air
vers Mwanga Center, Maweni Hopital, Aéroport, Ujiji et Bureau de l'Immigration
100 m.
N
vers centre-ville
Zanzibar Lodge
Saratoga Line
Tatim Luxury Bus
Stationnement des Bus
vers Moyowosi Game Reserve, Mwanza & Bukoba
Maweni Hospital
vers Hôpital de la mission Baptiste & Aéroport
vers Ujiji
Bureau de l'Immigration

Chutes du Gombe National Park.

Gombe National Park ★★

Les taxes sont justifiées par le trop grand nombre de visiteurs du parc, créé en 1968 sur une superficie de 52 km². Même si les chimpanzés peuvent être vus toute l'année, c'est la saison des pluies (de novembre à avril) la plus propice à leur observation. Pour plus d'informations, se renseigner auprès des offices du tourisme d'Arusha et de Dar-es-Salaam. Envoyée par le paléontologue Louis Leakey (découvreur, entre autres, du crâne d'Olduvai), qui pressentait que l'étude du comportement des primates éclairerait la compréhension de l'histoire de l'évolution, et arrivée à Gombe Stream en 1960, Jane Goodall n'a cessé depuis lors d'étudier les chimpanzés et a publié de nombreux ouvrages (dont *In the Shadow of Man* en 1971, *Through a Window* en 1986). Hugo Van Lawick, cinéaste animalier mondialement connu, y a également tourné un film sur ces primates si proches de l'homme. Un peu moins de deux cents individus, vivant en troupes de 5 à 40 individus, habitent ce parc. Celui-ci – en fait le versant ouest d'une colline très boisée, de 2 km à 3 km de large sur 18 km de long, descendant jusqu'au lac Tanganyika et coupé de nombreux cours d'eau – est cependant habité également par bien d'autres animaux : babouins, colobes, grivets, buffles, damans, léopards, colobes rouges, phacochères, cobes, guibs harnachés, aigles couronnés, martins-pêcheurs géants...

Attention à ne pas vous laisser aller à un anthropomorphisme déplacé. Sous des apparences pacifiques, ces primates restent des animaux sauvages particulièrement forts et peuvent se montrer très dangereux ; votre comportement doit être discret. Protégez-vous également dans ce parc contre les moustiques et les mouches tsé-tsé (manches longues et tissus épais).

Tabora

Dans les années 1800, Tabora était l'une des villes les plus importantes de l'intérieur. Située sur la route des esclaves, elle connut un rapide développement. C'est d'ailleurs en 1800 que la première caravane en provenance des Grands Lacs, passa par Tabora et rejoigna la côte. En 1830, il était normal de voir souvent des caravanes. Ce commerce permit aussi le trafic de sel et d'ivoire dans la région. Tabora était alors la plaque tournante de tous ces échanges. En 1880, avec la fin du commerce des esclaves, Tabora retrouvait un calme certain. Aujourd'hui, Tabora est toujours une ville tranquille à laquelle les manguiers donnent du cachet. C'est particulièrement vrai le soir au coucher du soleil avec ces arbres qui se fondent dans la couleur du ciel. La ville a vu passer la plupart des grands explorateurs de l'Afrique de l'Est. Lors de la conquête coloniale, de nombreux affrontements eurent lieu dans la région. Un poste, puis un fort allemand, y furent installés pour contrôler la route du lac Tanganyika.

La région est habitée par les Nyamwezis, ou Gens de la lune, aujourd'hui pour la plupart cultivateurs. Ils furent cependant décrits par les premiers voyageurs, dans la deuxième moitié du XIXe siècle, comme le peuple le plus puissant de l'intérieur, en particulier grâce au commerce qu'ils menaient avec les Arabes.

Ils s'occupaient notamment du négoce de l'ivoire, de certains métaux, du sel et des esclaves. Un de leurs derniers chefs fut Mirambo, surnommé le Napoléon africain par Stanley, en raison de son armée importante et très organisée, qu'il avait entraînée en se servant des enseignements de sa captivité chez les Ngonis du sud de la Tanzanie, une tribu guerrière apparentée aux Zoulous. Mirambo témoignait d'une certaine ouverture envers les Européens, il invita plusieurs Eglises à installer des missions dans la région. Un autre chef, Isike, en revanche, résista fermement aux Allemands. Pendant la Première Guerre mondiale, la ville devint le centre de la résistance allemande aux troupes anglo-belges.

Aujourd'hui, Tabora (150 000 âmes) est une ville peu passionnante, mis à part son marché animé et sa belle cathédrale Sainte-Thérèse. Elle vit surtout de ses entreprises de transformation du tabac. Le Kwihare Museum, à 9 km au nord-ouest du centre, est consacré à Livingstone – qui séjourna dans cette maison pendant plusieurs mois avant de poursuivre son voyage – et aux missionnaires. Ville enclavée, la meilleure solution pour la rejoindre reste le train. C'est à partir de Tabora qu'on peut se rendre à la réserve d'Ugalla, grande d'environ 5 000 km². A l'ouest, en direction du lac Tanganyika, le chemin de fer continue, mais pas la route. Là où nos voitures modernes s'arrêtent, les caravanes passaient.

Lake Victoria ★

Rendu tristement célèbre en 2004 par le film documentaire de l'Autrichien Hubert Sauper (*Le Cauchemar de Darwin*), le plus grand lac d'Afrique, jadis surtout connu pour être à la source du Nil, ne va pas très bien. Le stock de perches du Nil, introduites dans les eaux du lac au milieu des années 1950 à des fins commerciales et destinées à l'exportation en Europe, ne cesse de diminuer. De plus, les experts sont unanimes : le niveau des eaux du lac connaît une baisse notable, la plus importante de ces quarante dernières années...

Si les stocks de poissons diminuent, leurs prises prennent évidemment une courbe négative. Les profits sont en chute libre pour les populations des trois pays concernés. Les tilapias sont responsables de la fermeture de plusieurs sociétés de pêche. Il n'en reste plus que quelques dizaines. On peut attribuer la baisse du nombre de perches du Nil au trop grand nombre de bateaux. De 130 000 pêcheurs en 2000, ils sont de nos jours plus de 200 000.

Il y a aussi de plus en plus de pêche illégale. La situation de la perche du Nil est ce que l'on appelle une surpêche. On ne laisse pas le temps aux poissons juvéniles de grandir. Juste un faible pourcentage atteint la taille adulte. Les autorités réagissent en orientant, par exemple, les entrepreneurs à investir dans des fermes à poissons, spécialement pour la perche du Nil. Ce serait une des conditions pour l'obtention de la licence d'import, export de poissons du lac Victoria.

Le lac Victoria reste pourtant un poumon économique essentiel pour la région est-africaine.

Contrôlé par la Tanzanie (à 49 %), l'Ouganda (à 45 %) et le Kenya (à 6 %), ce lac de 69 000 km² (plus grand que le Rwanda et le Burundi réunis) représente un moyen de survie pour 30 millions de riverains. Ce qui fait de

son bassin une des régions du monde les plus densément peuplées. A la pêche, il faut ajouter l'agriculture, l'élevage, la floriculture, le transport et le tourisme au rang des secteurs dont l'essor est favorisé par le lac.
Dans les années 1950, l'introduction de la perche du Nil avait déjà constitué un véritable désastre écologique. De part son incroyable voracité, ce poisson – qui représente aujourd'hui 80 % des poissons du lac – est responsable de la disparition de quelque 200 espèces, présentes dans les eaux avant son introduction, ces quarante dernières années. Cette soudaine et rapide disparition vaut au lac Victoria de figurer en première place au classement des lacs ayant connu l'extinction la plus rapide de vertébrés, dont certains vieux de 14 000 ans !
Les rives ouest et sud du lac sont habitées par les Wahayas, qui cultivaient déjà le café bien avant l'arrivée des Européens. Le lac Victoria comprend en particulier la réserve de Saa Nane Island, le parc national de Rubondo Island et les intéressantes îles d'Ukerewe au nord de Mwanza, Kome et Maisome entre Mwanza et Rubondo.
Attention, la bilharziose est assez présente sur toute la côte sud du lac Victoria. Ce qui nous incite à déconseiller vivement les baignades.

Faune. Une spécificité du lac est le dipneuste, ou lung fish (protoptère), un poisson qui existait déjà il y a 300 millions d'années. Il est capable d'aspirer et de stocker l'air atmosphérique par ses ouïes, dont il se sert en somme un peu comme de poumons. Ses branchies sont comme des diverticules du tube digestif, c'est-à-dire des cavités en cul-de-sac qui s'ouvrent directement sur ce tube. Cet animal très rare représente un chaînon entre les poissons et les animaux terrestres, une tentative de passage de la vie aquatique à la vie aérienne, un peu comme le cœlacanthe (crossoptrygien), autre fossile vivant. Le dipneuste présente aussi la particularité de se construire des cocons de mucus au fond de terriers dans la vase, afin de s'y installer lorsque l'eau baisse.
Pour se représenter un peu la biodiversité, sans commune mesure sur la terre, des trois grands lacs de Tanzanie (Victoria, Tanganyika et Nyasa), il faut savoir qu'ils comprennent à eux seuls, 1 700 espèces de poissons cichlidés.

Shinyanga

Si cette ville n'a rien d'un diamant, son sous-sol en concentre énormément. Et, en Tanzanie, tout le monde sait que la région de Shinyanga est riche en pierres précieuses avec la mine de diamants de Mwadui, à 35 km au nord de Shinyanga. Mais la ville est aussi un puissant centre de production de coton. La découverte et la popularisation de la richesse du sous-sol de Shinyanga remontent finalement à une époque assez récente. C'est en 1940 que John Williamson, un géologue canadien, découvre les mines de diamant. Commence alors l'extraction qui se poursuit encore de nos jours. John Williamson meurt en 1958 et laisse derrière lui les gisements.
La Tanzanie qui n'existe pas sous sa forme actuelle s'appelle Tanganyika (partie continentale, sans l'archipel de Zanzibar). C'est le gouvernement du Tanganyika qui reprend le flambeau, avec comme partenaire le sud-africain De Beer.

Les compagnies minières étrangères sont nombreuses dans cette partie du pays. On peut citer notamment le puissant groupe Barrick. Parmi les anecdotes les plus célèbres, il faut savoir qu'un diamant de 23 carats fut offert à la reine Elisabeth II le jour de son sacre. En 1956 fut découvert un diamant de 241 carats, le plus gros de l'histoire du pays. Toute cette effervescence autour de ces richesses a fortement peuplé la ville de personnes plus ou moins recommandables. Shinyanga est devenue une ville assez sale, trop vite et abondamment peuplée, où il ne fait pas toujours bon vivre.

L'ethnie majoritaire est celle des Sukumas qui ont longtemps combattu avec les Maasaïs au sujet des troupeaux de vaches. Chacun voulait celui de l'autre. Les Sukumas font aussi parler d'eux pour leurs chants et leurs musiques.

L'activité économique locale est assez diversifiée, grâce à l'exploitation du bois et la protection de l'environnement recourant à des méthodes traditionnelles, ainsi qu'à la prise de conscience de la population locale. Les forêts disparaissent progressivement, à cause du plan d'éradication des mouches tsé-tsé, et sont remplacées en champs de coton ou de riz. Ainsi, Shinyanga ne mérite plus son surnom de désert de Tanzanie... Les nombreuses plantations de riz de la région font, par ailleurs, que les moustiques sont nombreux et la malaria assez présente.

A partir de Shinyanga, on peut accéder à la réserve de chasse de Maswa (2 200 km^2) qui jouxte le Serengeti au sud.

Bateaux du Lac Victoria à Mwanza.

Mwanza

Alors que tout le monde place Arusha seconde ville de Tanzanie, il ne faut pas oublier Mwanza et son quasi-million d'habitants. Cela se remarque : Mwanza est une ville en ébullition, qui s'agrandit tant les bâtiments en construction sont nombreux. Autour de Mwanza, les plantations de café, thé et coton apportent du travail aux locaux et enrichissent ainsi la région. Le lac Victoria représente le fer de lance, non seulement pour l'économie du pays, mais sans doute aussi pour le tourisme. Située à l'extrémité d'une presqu'île, cette capitale économique n'offre aucune curiosité marquante en dehors de l'activité intense et pittoresque de ses rues, de son marché et de son port de pêche, du côté nord de la ville. Près du point d'embarquement du ferry, le rocher de Bismarck, en quelque sorte devenu le symbole de Mwanza, émerge des eaux du lac. Mwanza est aussi le fief des Sukumas, tribu ancestrale et majeure de Tanzanie. Des tours sont organisés dans leurs villages.

Mwanza
Ferry pour Bukoba
Ferry pour Nansio
LAC VICTORIA
Police
Standart Chartered Bank
vers Aéroport
Makongoro Rd.
TRC Marine Service
Clock Tower
Uhuru Road
Kishamapanda Guest House & New Geita Lodge
Bantu St.
Bureau de l'Immigartion
Regional Road
Precision Air
Kenyatta Road
Kurleana Pizzeria
Nyerere Road
Nkomo Road
Mtakuja St.
NBC
Liberty Street
National Bureau de Change
New Mwanza Hotel
Posta Street
Karibu Internet
WWW
DBK
Poste
Masumin's Tours & Safaris
Temple Street
Marché
Lumumba Road
Fourways Travel Service
Gare routière des Matutu
Gare routière
Lake Hôtel
Station Road
Fortes Safaris
Karuta Street
Royal Pub
vers Sokoma Museum, Corridor ouest du Serengueti, Bunda, Musoma & le Kenya
Gare Ferroviaire
Vers Hôtel Tilapia
LAC VICTORIA
N
100 m.
Kenyatta Road
Rwagasore Street
Isamo Hotel

LAC VICTORIA
Luchili Bay
Misikoko Bay
Chitebe Island
Bulega Bay
Rubiso Island
Chitende Is.
Kageye Post
Aérodrome
Kalela Island
Nyamitundu Island
Kasesa Bay
Kormeya Bay
Ibozya Bay
Mlaga Post
Miso Island
Chamatibili Bay
Chambuzi Island
Iloba Is.
Manyilao Is.
Mamba Is.
Chitoma Bay
Lukaya Bay
Parc national de l'île de Rubondo
Lukaga Post
Nyaitok Bay
Lukukuru Post
Piste
0
5 km
Izui Amouda Island

Biharamulo Game Reserve

Créée en 1959, cette réserve s'étend au sud-ouest du lac Victoria, sur 1 165 km², entre 1 100 m et 1 500 m d'altitude. Elle est habitée notamment par des hippotragues, des réduncas et des grysboks, ainsi que par des crocodiles et hippopotames sur les berges du lac.

Rubondo Island National Park ★

Créé en 1977, sur 240 km² de terre ferme pour un total de 450 km², dans le sud du lac Victoria, ce parc national est constitué d'une île principale de 30 km de long sur 2 km à 10 km de large, entourée de plusieurs îlots. La végétation du parc est composée surtout de forêt assez dense, grâce aux fortes précipitations de la saison des pluies, mais aussi de savane, de bois clairsemés et de marécages où poussent quelques roseaux. L'archipel est riche de nombreuses espèces botaniques, comme les orchidées. L'intérêt majeur du parc tient à la présence d'une grande variété d'espèces animales, et en particulier à celle des sitatungas, une antilope extraordinaire aux sabots palmés, vivant dans les marais et présente nulle part ailleurs en Tanzanie, en dehors de quelques spécimens parfois observés au Sud Selous.

Les autres espèces indigènes sont l'hippopotame, le crocodile, le vervet, la mangouste, les pythons (qui peuvent avaler une antilope de petite taille), les serpents mambas, les cobras, les vipères, les papillons, et de très nombreux oiseaux (dont beaucoup de migrateurs) : aigle pêcheur, aigle martial, héron goliath, ibis sacré, martin-pêcheur... Des espèces terrestres ont été transplantées sur l'île il y a 30 ans : girafes, éléphants, rhinocéros, colobes, chimpanzés, porcs-épics, guibs, hippotragues...

Bukoba

Ville de taille intermédiaire entre Musoma et Mwanza, Bukoba est intéressante à la fois comme lieu de passage sur la route de l'Ouganda et comme base de départ pour l'exploration de sa région. Le pays, appelé Kagera Region, est habité par les Hayas, proches des Ougandais, et connus pour leurs cultures anciennes de café. La région est très fertile et les paysages sont agréables, grâce aux nombreuses plantations (notamment de café et de thé) et aux lacs (dont Ikimba et Burigi, bordés de quelques villages de pêcheurs), marais et montagnes. Les zones non cultivées sont très sauvages et difficiles d'accès. La faune y est abondante, avec en point d'orgue la visite du parc national de Rubondo, riche en éléphants, hippopotames et crocodiles. C'est cette région (jusqu'à la rivière de la Kagera, qui se jette dans le lac Victoria) qu'en 1977 le dictateur ougandais Idi Amin Dada conquit avant d'être repoussé, tant par les troupes tanzaniennes que par la pression internationale, alors que la guerre civile régnait dans son propre pays. La rivière Kagera est restée tristement célèbre pour les flots de cadavres rwandais qu'elle emporta au plus fort du génocide de 1994 (800 000 morts entre avril et juillet 1994).

Bukoba
vers Kigoma & Mwanza
Gare routière
Precision Air
Cathédrale luthérienne
Banana Hotel
Arusha Inn
Bukoba Internet
150 m.
Hôpital
Kawawa Road
Kashozi Road
Market Street
Marché
Fido Dido
Arusha St.
Jamhuri Road
Sokoine Street
Sokoine Street
Uganda Road
Poste
Guinea St.
Kiroyera Tours
vers Kagera Museum
Barongo Street
NBC
Police
Cathédrale catholique
Série de Guest House
Kasoni Lodge
Walkgard Annex
New Upendo Lodge
Jamhuri Road
vers Port des Ferries & Walkgard Westland Hotel
vers l'Aérodrome
Elct Bukoba Hotel
LAC VICTORIA
LAC VICTORIA

Ce qui obligea les Nations Unies à déclencher un plan de nettoyage massif de cette zone du lac Victoria, afin de sauver la pêche, base de l'économie et de la nourriture locale.
L'accès à toute cette région est difficile, car les routes sont assez défoncées : l'échec cuisant de la Communauté est-africaine à la fin des années 1970 a mis fin à l'effort de construction d'infrastructures. Certains tronçons de routes sont quand même goudronnés, notamment entre Bukoba et Kyaka (la partie à l'ouest de Lusahunga). Dans le sud de la région, non loin du poste-frontière sur la route de Kigali (Rwanda), se trouvent les gigantesques chutes de Rusumu.

Nansio

Nansio, et plus généralement l'île d'Ukerewe dont elle est la principale ville, est l'un des endroits les plus charmants de toute la Tanzanie. Nansio possède le charme tranquille de toutes les bourgades bordant les trois grands lacs, qui semblent figés dans le temps, comme coupés du monde, même si l'île bénéficie par ailleurs d'une communication permanente avec Mwanza, la ville du progrès. La fée électrique est arrivée. Les habitants, qui sont nombreux à travailler sur le continent, trouvent un juste équilibre entre leur tranquillité d'origine et leur désir d'un confort de vie supérieur. Quand on vient ici, on a juste envie de se poser, de partager la vie des gens et d'aller se balader. Et les possibilités sont assez nombreuses. Pour commencer, cette île a une histoire qui mêle des missionnaires, dont certains furent brûlés vifs, et un grand chef ukewere : Kitereza. Les habitants en sont fiers aujourd'hui, d'autant plus que l'un des leurs, Aniceti Kitereza (1896-1981), petit-fils du fameux chef, en a fait le récit écrit dans son dialecte natal, avant de le traduire en swahili. S'il n'était mort à la suite de cet effort, on peut penser qu'il l'aurait à son tour traduit en anglais, puis peut-être en allemand, puisqu'il parlait huit langues.

Musoma

Charmante ville de taille moyenne, Musoma est située à 120 km de la frontière kenyane et à proximité de l'embouchure de la rivière Mara. C'est avant tout un lieu de transit pour ceux qui souhaitent se rendre à Kisumu, au Kenya par ferry (à 100 km) ou par la route (à 125 km), plus rapide.
Dans cette région agricole pauvre et relativement sous-développée, la population vit essentiellement de la pêche.
Un tourisme balnéaire devrait également se développer dans la région. Si les plages de Musoma intra-muros peuvent nous laisser sur notre faim, celles des îles de Lukuba devraient faire l'affaire. La plus grande, où se trouve un village, est accessible par bateau (se renseigner au port). Sur une autre, se trouve une très belle résidence. Enfin, des tas d'autres, plus petites, sauvages, les entourent.

ZANZIBAR

Zanzibar. Un nom aux consonances magiques, un mythe dans l'esprit des poètes et explorateurs au long cours. « Peut-être irai-je un jour à Zanzibar... », rêvait Arthur Rimbaud en 1887. Il n'atteindra jamais l'île, tout comme Joseph Kessel, lui aussi en quête de ce lointain paradis terrestre. Des plages infinies de sable blanc étincelant sous un soleil éternel insolent, plantées de cocotiers se balançant dans le vent, un lagon d'eau cristalline turquoise protégé des courants du large par sa spectaculaire barrière de corail... Un éden à la croisée des routes commerciales océaniques qui a brassé de multiples influences africaines, arabes et indiennes. Terre bantoue par essence, l'île a été l'eldorado des premiers marins explorant l'océan Indien en dhow, ces boutres traditionnels millénaires aujourd'hui si caractéristiques de Zanzibar. Elle a développé une culture swahilie aux multiples facettes, aussi bien architecturales, religieuses, gastronomiques que musicales. A Stone Town, dans le dédale des rues de la capitale, les splendides portes sculptées des maisons témoignent de la richesse des Arabes et Indiens au XIXe siècle.

A l'âge d'or de l'île, lorsque les sultans omanais l'avaient élue capitale de leur empire, érigeaient des palais grandioses et chargeaient les boutres de clous de girofles, épices rares, ivoire, essences précieuses, or et, bien sûr, esclaves… La mémoire des millions d'Africains déportés ici pour la lucrative traite négrière est encore vivace ici.

Aujourd'hui, le rêve du paradis romantique rimbaldien est à la portée des touristes. De nombreux resorts égrènent leurs bungalows le long des plages sauvages, dans une végétation luxuriante de toute beauté, sans dénaturer les paysages. Votre seul souci sera alors de choisir sous quel cocotier vous adonner au farniente, en attendant d'explorer les fonds sous-marins spectaculaires de l'île.

ÎLE D'UNGUJA

L'île d'Unguja est la plus touristique de Zanzibar, réputée pour ses plages paradisiaques. Si Stone Town est incournable à visiter pour son histoire et son architecture, chaque partie de l'île a sa caractéristique.

Le nord-ouest – Nungwi et Kendwa – dispose d'une des plus belles plages où l'on peut se baigner à marée basse (le seul endroit de l'île) et elle est fréquentée par des touristes plus jeunes et festifs.

Le nord-est, de Matemwe à Kiwengwa, voire Chwaka Bay, est caractérisé par une plage très sauvage et assez large, bordée de palmiers sauvages. Les resorts qui y ont fleuri sont très haut de gamme, pas de petit budget ici. Le spot est excellent pour aller visiter l'île de Mnemba juste en face.

Unguja
Route
Piste
Coraux
Site
Aéroport
0
15 km
N
OCEAN
INDIEN
Ras Nungwi
Baraka Beach Bungalows, Paradise Bech Bungalows.,
Langilangi Beach Bungalows, Amaan Bungalows,
Kigoma Bungalows, Jambo Brothers
Mnarani Beach Cottage, Ras Nungwi Beach Hotel,
Sazani Beach Hotel & Flame Tree Cottages
Nungwi
Kwenda Rocks Bungalows
Ras Kimunduni
Kidoti
Tumbatu
Mnemba Island
Lodge
Mnemba
Matemwe Bungalows
& Ma Plage à Zanzibar
Mkokotoni
Matemwe
Chaani
New Town
Pwani Mchangani
Ocean Paradise
Resort
Makoba
Chambre
des Esclaves
Bumbwini
Kinyasini
Blue Bay Beach Resort
& Kiwenga Beach Village
Mangapwani Seafood Grill
Mahonda
Kiwengwa
Mangapwani
Grotte aux
Esclaves
Bondeni
Kichwele
Forest
Pongwe
Ndagaa
Chuini
Hakuna Matata
et Ruines de Chuini
Uroa White Villa
& Uroa Bay
Kiboje
Bububu
Uroa
Burubu
& Imani Beach Villa
Persian Baths
Machui
Kibweni
Palace
Bambi
New Town
Kibandiko
Beit-El-
Ras
Ras Michamwi
Prison Island
Mtoni Marine Centre &
Maruhubi Beach Villas
Dunga
Chawaka Bay
Bungalows
Michamvi
Chapwani
Mtoni
Koani
Pingwe
Bawe
Karafuu Hotel
Chwaka
Chwaka Bay
ZANZIBAR
Murogo
Pange
Breeze Beach Club
The Palms
Charawe
Zanzibar Beach Resort
Tunguu
Ruines de
Mbweni
Sunrise Hotel
Bwejuu Dere Beach Hotel
Palm Beach In
Mbweni Ruins Hotel
Nyange
Jozani
Forest
Bwejuu
Chukwani
Paje
Chumbe
Tunduu
Pete
Muungoni
Kiwani
Bay
Unguja
Ukuu
Paje By Night
Kitogani
Fumba
Jambiani
Fumba Beach Lodge
Miwi
Uzi
Blue Oyster Hotel
Visitor's Inn
Coco Beach
Shehe Bungalows
Pamunda
Nianembe
Uzi
Mbuyuni
Kwale
Makunduchi
New Town
Bay
Kufile
Kizimkazi
Pungume
Mtende
Kizidi Bungalows
& Dolphin View Village
Ras Kazim Kazi

Le sud-est, de Chwaka Bay à Makunduchi, compte parmi les plus impressionnantes plages de l'île, par la blancheur du sable et le turquoise de l'océan, là où la barrière de corail est dense et large en raison de la pointe de Michamvi, une péninsule entourée de coraux. Ici souffle un vent propice au kite-surf, et des clubs comme les premiers backpackers de l'île se sont installés ici. Bars reggae et ambiance relax sur la plage.

Le sud-ouest de l'île est peu construit. On vient à Fumba pour partir en bateau faire le safari blue Lagoon, comptant snorkeling et pique-nique sur le banc de sable. Et on compte Kizimkazi, sa mosquée perse du XIe siècle et son parc marin protégé où les dauphins viennent jouer dans la baie tous les jours pour le plus grand bonheur des touristes.

Zanzibar Town ★★★★

La vieille ville de Zanzibar – Stone Town – est tellement unique qu'elle a été classée au patrimoine mondial de l'humanité par l'Unesco. L'architecture de ce quartier porte incontestablement les traces d'un passé arabe et indien. Dès le XIIIe siècle, on édifiait de belles demeures en pierre de corail. Ici, le temps semble s'être figé, les édifices décrépits ont une patine authentique et charmante. Depuis 1985, l'Unesco entreprend un travail de restauration. Mais il faut faire vite car avec le temps, les maisons se dégradent, et les murs en pierre de corail sont vulnérables aux pluies torrentielles de mars, avril et mai. Ce sont surtout les portes sculptées qui retiennent l'attention. Zanzibar Town est une ville dont le centre est un véritable labyrinthe de ruelles. On est ébloui par la beauté d'une maison, le détail d'une porte sculptée et la quantité de bâtiments remarquables à chaque coin de rue. C'est dans ce dédale, à pied, le nez en l'air, que les charmes de Zanzibar se dévoilent. Vous pouvez alors croquer des moments de vie hauts en couleur. Exceptionnel, le moment où les chants des muezzins de toutes les mosquées de la ville s'élèvent en même temps au-dessus des toits, lorsque les enfants déboulent en courant ou sur des vélos à l'angle des rues, que les femmes discutent en faisant leur marché... Votre odorat sera en ébullition dans ce jardin des épices : on y sent la cannelle, le poivre et surtout le clou de girofle. Ce dernier a été importé par le sultan d'Oman, lorsqu'il a transféré, en 1840, la capitale du sultanat à Zanzibar. C'est dire l'importance de l'île qui ressemblait, à ses yeux, au paradis. A la fin de ce siècle, l'île était le premier producteur mondial de clous de girofle, construisant sa richesse sur les épices. On ne trouve pas une seule voiture, vu l'étroitesse des lieux, mais piétons et cyclistes s'écartent devant les charrettes tirées par des hommes et les scooters qui passent à toute allure. De nombreux vendeurs essayeront de vous rabattre sur leur boutique dans la section vraiment touristique du centre, mais très vite, en s'éloignant, ils se raréfient. Pour partager cette vie de capitale qui ressemble en réalité à un village sympathique, il suffit de se promener. La ville est très sûre la journée jusqu'aux ruelles les moins touristiques, l'accueil des Zanzibarites est vraiment chaleureux, même si certains vendeurs sont collants. Depuis 2017, des caméras ont été installées à chaque coin de ruelle pour assurer la sécurité des habitants comme des touristes, car elle s'était un peu dégradée ces dernières années.

La vieille-ville de Zanzibar
0
300 m
N
OCEAN INDIEN
ZANZIBAR PORT
Malindi Road
MALINDI
The Old Dispensary
Mzingani Road
KIPONDA
Malindi St.
Jamatani
HURUMZI
Beit-el-Sahel (Palace Museum)
KOKONI
Nyumba Yamoto Street
Jardins Forodhani
FORODHANI
Temple Hindou Shiva Shakti
DARAJANI
Musée Princesse Salma
Vieux fort arabe
Hurumzi
Changa Bazaar
Kiponda St.
Pharmacie Darajani
HAMAMNI
Creek Road
Shangani
Zanzibar Gallery
Gigenza
Pharmacie Fahud
Cultural Arts Centre Zanzibar
Hamamni
Kajificheni Street
SHANGANI
Pharmacie Shamshu & Sons
Poste
Cathédrale St-Joseph
Kenyatta Rd.
Hamamni Persian Baths
MCHAMBAWIMA
BAGHANI
MKUNAZINI
Tharia Street
Jaw's Corner
UMCA Cathédrale
Tippu Tip's House
Baghani Road
SOKOMUHOGO
New Mkunazini Road
Sokomuhogo Street
VIKOKOTONI
Benjamin Mkapa Road
Mkunazini St.
Kenyatta Road
Afya Médical Centre
Ramal's Salon
Pipawaldi Street
Zanzibar Médical Group
VUGA
Jardins Jamhuri
Vuga Road
Victoria Street
KISWANDUI
KIBOKONI
Jardin Victoria
OCEAN INDIEN
Musée d'histoire naturelle
Benjamin Mkapa Road
Musée du Mémorial de la Paix
Mnazi Mmoja Hospital
MNAZI MMOJA

BEIT-EL-AJAIB (HOUSE OF WONDERS) ★★

Mizingani Road,
entre Forodhani Gardens et le port

Si, auparavant, le musée restait ouvert officieusement – du moins partiellement car une partie du palais s'est effondré en 2011 en pleine saison des pluies – il est désormais fermé au public pour rénovation.

A propos du palais en lui-même : construit en 1883 pour servir de résidence au 3e sultan de l'île, Barghash, il a été pensé par un ingénieur de la marine britannique et érigé sur les ruines du palais de la reine afro-perse Fatuma qui régna sous les ordres du premier sultan Said au XVIIe siècle. C'était, à l'époque, la plus grande demeure d'Afrique de l'Est, dédié aux cérémonies, réceptions et résidence du sultan, ornée de portes lourdement sculptées et gravées de versets du Coran ainsi que des sols en marbre. Cette maison fut la première à être électrifiée, puis à posséder un ascenseur : ce sont ces deux progrès qui poussèrent la communauté à l'appeler Maison des Merveilles (House of Wonders). Preuve imparable de sa modernité, elle était reliée par des passerelles (appelés *wikios*) aux palais adjacents, pour permettre aux femmes du palais de circuler sans être vues de la rue. Elle fut miraculeusement épargnée par le bombardement de la guerre éclair menée par les Anglais en 1986, contrairement au palais voisin Beit al-Hukum. La structure imposante est surmontée d'un clocher ajouté un an après, dont horloge fonctionne toujours, mais marque le temps swahili (enlever 6 heures) ! Le palais fut occupé par la suite par les Britanniques à partir de 1911 et comme siège du parti politique CCM après la révolution, avant de devenir musée national. Devant la porte principale sculptée d'animaux et en face, au bord de l'eau, on peut voir trois canons portant les sceaux de rois portugais du XVIe siècle, confisqués par les Perses pendant la bataille mais redonnés plus tard au sultan d'Oman, qui les ramena à Zanzibar.

JAW'S CORNER ★★

A côté de la mosquée Jaws,
au carrefour de Cathedral Street
et Baghani Street

Ce rendez-vous est immanquable, tout le monde connaît. Si vous n'arrivez pas à vous orienter, demandez simplement votre chemin. Placette au carrefour de nombreuses rues piétonnes, centre d'un flux de personnes jamais tari, le Jaw's Corner est toujours très animé. C'est un haut lieu de socialisation à Stone Town, les hommes de la communauté se retrouvent autour d'un *spice coffee* traditionnel qui se prépare avec beaucoup de gingembre et d'autres épices. Le sucre est remplacé ici par du *sweet peanut brittle*. Les tasses communes circulent de main en main et de bouche en bouche, convivialité et respect des traditions obligent. Sur les *baraz*, des gradins de pierre qui bordent les rues comme cette place, s'alignent en rangs d'oignons les petits vieux assis confortablement, qui papotent toute la journée. En face s'alignent des Vespa sur lesquelles sont avachis les groupes de jeunes, eux aussi en pleine discussion. Il n'y a que des hommes, les femmes, elles, ne font que passer et saluer les connaissances. Pêcheurs du petit matin viennent y faire un tour avant d'aller se coucher, commerçants après le travail le soir, chacun a son heure préférée. Sur un grand tableau noir, les nouvelles fraîches de la cité sont inscrites. Aujourd'hui il y a des funérailles d'un membre de la communauté.Au-dessus de leurs têtes des petits drapeaux colorés rassemblés en chapiteau rappellent les fêtes foraines de campagne. Un poteau électrique est à l'origine d'une bonne blague, puisqu'un farceur a suspendu ici un téléphone avec une pancarte « appels internationaux ». Petit clin d'œil aux touristes de passage qui souhaiteraient utiliser ce *taxi phone* imaginaire !

■ MARCHE DE DARAJANI ★★

Quartier de Mkunazini,
au croisement de Market Street
et de Benjamin Mkapa Road

Attendez-vous à en prendre plein les yeux et les narines, haut-le-cœur garanti ! Le marché central du Darajani, aussi appelé Marikiti Kuu, « grand marché » en swahili, a été construit en 1904 sur ordre du sultan Ali Bin Hamud. C'est une succession d'étals de viandes d'un côté, de poissons de l'autre, frais certes, mais découpés dans des conditions d'hygiène abominables. Impossible de compter les mouches qui se collent aux carcasses et les chats qui essayent de grappiller des boyaux ou des têtes de poissons. Cette visite est néanmoins essentielle pour comprendre la vie de Stone Town et fait partie intégrante des tours culturels organisés. C'est une tranche du quotidien authentique. La partie dédiée aux épices, fruits et légumes est plus agréable à visiter, colorée et odorante, et cette fois appétissante. On déambule avec plaisir entre les étals serrés pour découvrir des variétés typiques de la côte swahilie. C'est ici que que vous obtiendrez les meilleurs prix pour les épices et pour les délicieuses noix de cajou à peine grillées, moelleuses et non salées.

■ MARCHÉ AUX ESCLAVES ET ÉGLISE ANGLICANE ★★★

En plein quartier de Mkunazini.

▶ **Le marché aux esclaves.** La visite commence par la découverte horrifiante d'un grand cachot, qui servait à « stocker » les esclaves avant leur vente sur le grand marché aux esclaves de Mkunazini, définitivement fermé en 1873, où se trouve aujourd'hui l'église anglicane voisine. Entassés dans quelques mètres carrés sans air ni lumière, près de cinquante hommes attendaient que leur sort soit joué entre riches marchands négociant les uns et les autres, mourant de suffocation ou d'épuisement pour nombre d'entre eux, attendant que la marée vienne nettoyer les excréments accumulés sur le sol... Idem côté femmes, terrifiant. Des fers ont été symboliquement ajoutés ici pour donner plus de force à la visite, mais elle est déjà assez traumatisante, quand on s'imagine ce bunker où sont morts des milliers de personnes sous la torture au fil des siècles. Dehors, un mémorial a été érigé par l'artiste suédoise Clara Sörnäs en 1998. De vrais fers ayant servi ici même pour retenir captifs le cou, les chevilles et les poignets des esclaves ont été installés sur des statues. Depuis 2016, des panneaux explicatifs donnent toutes les informations pour comprendre l'ampleur et l'horreur de la traite négrière à Zanzibar, mais aussi en Afrique.

L'église. Cette basilique anglicane construite de 1873 à 1880 a la particularité d'intégrer dans ses ornements des influences gothique et arabes, et d'être l'un des premiers exemples d'église chrétienne en Afrique de l'Est. Le révérend père Arthur West et un marchand indien Jariam Senji achetèrent le site après l'abolition de l'esclavage, puis donnèrent leur part à l'évêque Ed. Steere qui supervisa la construction de l'église. Le premier office eut lieu à Noël 1877, alors que le toit n'était pas encore achevé. On dit que le sultan de l'époque fit don d'une horloge, à condition que la hauteur du saint lieu ne dépasse pas celle de son palais. On peut encore y voir à l'intérieur la dalle abîmée or par les coups, où étaient punis les esclaves. Symbolique, une des croix a été fabriquée avec du bois provenant de l'arbre qui a poussé sur la tombe de l'explorateur Livingstone, ardent défenseur de l'abolition de l'esclavage lors de son passage à Zanzibar.

RUINES DU PALAIS DE MARUHUBI ★★

A quelques km à la sortie nord de la ville, route de Bububu

Le palais fut acheté par le sultan Saïd Bargash à un Arabe de la tribu des Mahurubis, et reconstruit en 1880 avant d'être incendié en 1889. Un aqueduc en pierre avait été construit pour approvisionner les bains et pour l'irrigation. Le palais était destiné à héberger les 99 femmes du sultan choisies parmi les esclaves. Le sultan rendait visite aux femmes pendant la journée et leur demandait de nager nues devant lui. Par ailleurs, une femme par jour lui était nécessaire. Quand le palais fut détruit par le feu, les femmes s'échappèrent et devinrent de nouveau des femmes libres (ou presque...). Ce qui resta du palais et de toutes ses richesses (marbres, dorures...) fut pillé en 1964, pendant la révolution. Tout autour du site sont plantés des manguiers importés d'Inde. Un peu plus au nord se trouve le palais de Kibweni qui, de 1905 à 1929, était relié à la ville par un chemin de fer.

THE OLD DISPENSARY ★★

En face du port, Malindi

Vous ne pourrez pas manquer cette magnifique et haute demeure bleue et blanche, avec sa façade et ses balcons lourdement chargés d'ornements mélangeant influences indiennes (balcons en bois et vitraux colorés) et ornements pompeux de la façade de style néoclassique européen, de calcaire et de stuc blanc. Aussi appelé Ithnashiri Dispensary, il fut érigé comme hôpital public par un riche marchand indien conseiller du sultan, Tharia Thopan, qui posa la première pierre en 1887 pour le Jubilée de la reine Victoria. Il n'eut malheureusement pas le temps de voir son œuvre finie, puisqu'elle fut achevée après sa mort six ans plus tard ! La demeure fut rachetée par un autre marchand indien qui le transforma en hôpital de charité, avant de tomber à l'abandon après la révolution. Il a rouvert en tant que centre culturel en 1990, et comporte en son patio central un magasin de souvenirs abordable.

VIEUX FORT ARABE ★★

Devant le Forodhani Gardens

Aussi appelé Ngome Kongwe, le vieux fort fut construit entre 1710 et 1715 par les Arabes d'Oman menés par le premier sultan Said, alors en pleine reconquête de l'île, sur l'emplacement d'une chapelle érigée par les Portugais. L'idée était bien sûr de protéger d'île d'une possible attaque des évincés, ce qui arriva une seule fois avec l'aide des Mazrui, un peuple arabe de Mombasa au Kenya, allié des Portugais. Il a servi de prison au XIXe siècle, lorsque les punitions et exécutions publiques avaient lieu devant le mur Est du fort. Il a aussi servi de caserne militaire et de dépôt pour la construction de chemin de fer Stone Town Bububu décidé par le sultan Bargach. Le fort a été plus tard rénové par les Anglais, qui ont même transformé la partie aujourd'hui couverte de pelouse en Tennis Club pour ladies distinguées ! Tombé en désuétude après la révolution, restauré par la ville, on peut aujourd'hui y entrer, monter sur la muraille de la partie la plus ancienne, acheter des souvenirs ou boire un verre au café qui s'y trouve. On peut aussi venir simplement se reposer dans son amphithéâtre en demi-cercle où, la journée comme le soir, des groupes de danse et de musique viennent répéter et des jeunes papoter. D'ailleurs le vieux fort accueille souvent des représentations musicales (de ngoma et taarab). Fin juillet s'y tiennent le Sauti Za Busara consacré aux musiques, aux chants et aux danses traditionnelles africaines et arabes, le Festival of the Dhow Countries, festival de films internationaux, et le Jahari Literary & Jazz Festival.

Changuu Island ★★

Située en face de Stone Town, Changuu Island est habitée par des tortues terrestres géantes, importées il y a quelques siècles des Seychelles, et dont certaines ont plus de 100 ans. Il y a aussi quelques magnifiques paons en totale liberté qui permettent de prendre des photos étonnantes sur la plage. Changuu signifie prison. L'île appartenait autrefois à un marchand arabe qui y gardait, avant de les vendre, des esclaves en provenance de Bagamoyo. Une prison fut construite par le sultan en 1893 pour de vrais délinquants, mais elle ne fut jamais utilisée ; on en aperçoit les ruines. Les plages de sable blanc sont superbes. Pour se rendre sur cette île, on peut affréter un petit bateau de pêche sur les plages de la vieille ville. Les prix sont à négocier.

Chumbe Island Coral Park

A 12 km au sud-ouest de l'île de Zanzibar, Chumbe Island est une zone protégée privée depuis 1994. C'est le premier parc marin créé en Tanzanie, géré par le Chicop (Chumbe Island Coral Park), qui a reçu de très nombreux prix internationaux. On reconnaît l'îlot à son grand phare, construit en 1904, devant lequel passent les ferries. Le complexe d'écotourisme de Chumbe Island est un des rares d'Afrique totalement écologiques.

Nungwi ★★

Cerné par les hôtels de la côte, le village de Nungwi contraste violemment avec la richesse des complexes touristiques. Nombre de pêcheurs du village vivent sans eau ni électricité. L'endroit a l'air de s'endormir dans la pauvreté. Aucune aide veritable ne semble lui être apportée et les ordures s'amoncellent sur la plage à certains endroits. Un mur en béton sépare le village des premiers hôtels de la côte nord.

En dehors de cette représentation misérabiliste, Nungwi est aussi un village où l'on fabrique des dhows, ces fameux boutres locaux. Allez voir, cela vaut vraiment le coup. Par ailleurs, les plages sont magnifiques. C'est vraiment l'un des plus beaux endroits du pays, et de plus la mer ne se retire pas trop loin à marée basse.

La route qui mène au nord n'est pas goudronnée et est très difficilement praticable, ce qui rend cette côte plus isolée, plus sauvage et donc moins touristique. Cependant, les installations touristiques y sont tout de même nombreuses.

Kendwa ★★★

Le village de Kendwa est un petit hameau tranquille de pêcheurs bordé des plus jolies plages de l'île. Le site a conservé son cachet naturel car il est relativement peu construit, bien qu'un nouvel hôtel 5-étoiles ait ouvert en juillet 2018. La particularité c'est qu'ici il n'y a pas de corail, juste du sable. L'eau a une couleur turquoise, cristalline et transparente. Ici, à marée haute comme à marée basse, piquer une tête est possible. On peut même rester des heures assis dans le sable doux et l'eau chaude, comme dans son bain. Un petit paradis pour un public plutôt jeune qui, pour ne rien gâcher, compte son lot de restaurants bons et abordables, de bars aux cocktails sophistiqués et de bons fonds musicaux. Sur le sable, des bungalows s'égrènent dans cette végétation magnifique et fleurie, en pleine nature. Fréquentée par une jeunesse locale et les touristes, spécialement pour la Full Moon Party, la plage accueille aussi des matchs de volley et de foot. Tous les soirs sont organisées des croisières sur des dhows pour un mémorable coucher de soleil en trinquant devant une lumière sublime. Quelques hôtels de luxe profitent aussi de cette plage incroyable. Si les beach boys sont présents (mais moins qu'à Nungwi), ils sont tenus à l'écart par les gardes des plages privées en retrait de l'eau, où des

Kendwa.

transats en bois de cocotiers appellent à la sieste. Une bonne option pour ne pas être dérangé.

Fukuchani ★★

Aux abords du petit village de Fukuchani, situé sur la route côtière entre Mkotoni et Nungwi, se trouvent des ruines de deux villages shiraziens construits en coraux au XVe siècle, Fukuchani et Mvuleni.

Mahonda

Mahonda est un village assez important de Zanzibar situé au nord de l'île, sur la route principale qui sépare Zanzibar Town (20 km) de Nungwi (40 km), à l'intérieur des terres. Entre de vastes fermes d'Etat, notamment des plantations de canne à sucre et d'épices initiées par les Chinois dans les années 1970, ce village authentique est noyé dans une végétation luxuriante. Il devient le centre d'une activité rurale intense grâce à son marché animé. Beaucoup de monde sur les bords de routes, à pied, à vélo ou en mobylette. Si vous bifurquez direction Kinyasini (le gros bourg local du nord de l'île traversé par très peu de touristes), vous passerez par le centre du village. En revanche, cette route est abominable depuis la saison des pluies en 2018. 4x4 de rigueur et amortisseurs pas trop usés sinon vous allez souffrir ! La route n'est plus qu'une piste jalonnée de nids de poule.

Matemwe ★★

A 15 km de la vieille ville (trajet qui peut être une occasion intéressante pour visiter l'intérieur de l'île). Peut-être la plus belle plage de l'île, toute de blanc vêtue, et malgré l'apparition soudaine de quelques hôtels, le lieu conserve encore tout son charme. En particulier, le village de Matemwe. La barrière de corail invite à renouveler sans cesse ses plongées. En revanche, se méfier des baignades à marée basse : l'eau est très souvent insuffisante et la blessure courante.

Île de Mnemba

Un paradis de l'océan Indien. Une île quasi vierge, une eau cristalline qui varie de l'émeraude au turquoise, du sable fin et blanc. Des récifs coralliens extraordinaires. Le petit atoll de Mnemba est internationalement connu pour les dauphins, raies mantas, requins, requins-tigres et requins baleines, et même parfois baleines à bosse (mégaptère ou humpback) qui fréquentent les environs (ainsi que Nungwi), selon la saison. Il n'est pas donné à tout le monde de venir ici jouir de dame nature.

Pwani Mchangani ★

La mer qui borde les environs est d'une clarté à s'en faire mal aux yeux ! Il faut le voir pour le croire…

Kiwengwa ★

Kiwengwa est le gros village de cette côte, sans pour autant être très étalé. Le long de la plage se trouvent nombre de resorts de grand luxe qui ont choisi ce spot sublime. En revanche, ils sont isolés du village en lui-même, misant sur l'intimité et la tranquillité. Sur la plage, on ne se lasse pas de voir le spectacle des pêcheurs allant au large, des femmes ramassant les crustacés à marée basse et des Maasaï habillés en rouge vif tranchant avec le bleu du lagon...

Uroa ★

Imaginez une plage déserte, du sable étincelant qui ressemble à de la farine, des cocotiers pour ombrager vos après-midi sur le transat, face à l'océan qui se retire pour dévoiler la barrière de corail à marée basse... Vous y êtes ! Au milieu de nulle part comme ses voisines Pongwe et Chwaka.

Chwaka ★★

Situées au nord de l'île, les ruines de Chwaka sont facilement accessibles et indiquées depuis la route qui part de Kondé et qui va vers l'est de l'île, près du village de Tumbe. Elles sont parmi les mieux conservées de Pemba. Erigé par Harun Bin Ali, fils de Mkana Ndune de Pujini, ce village afro-shirazien date du XVe siècle. La ville était assez vaste, étalée sur 20 hectares, comprenant un fort, des salles de réception, deux mosquées, un atelier de ferronnerie et un port dans la crique. Il reste aujourd'hui les murs de la grande mosquée encore debout et les arches des portes. Des fouilles ont mis à jour des vestiges (bols, poteries) visibles au Musée de Zanzibar et au Albert Museum à Londres. La légende raconte que la petite mosquée appelée Msikiti Chooko, « la mosquée des grains verts » a été construite pour la femme de Hurun qui aurait demandé à ce que des graines soient mélangées avec le mortier pour maintenir la structure. De nombreuses tombes ont été découvertes derrière la mosquée, dont celle de Haroub lui-même, décorée de carreaux en céramique.

Selon une légende locale, le Mkame Ndume était un notable très cruel habitait le coin au XVe siècle. Son nom signifie le castrateur, en référence à l'habitude prévenante qu'il avait de mutiler ceux qu'il n'aimait pas. Il semblerait que les Portugais l'aient tué. La femme de son fils fit construire la petite mosquée (*msikiti ya chiroko*) près de leur demeure pour éviter à son mari d'avoir à toucher à d'autres femmes en se rendant plus loin à la prière. Elle fit couper les bras du maçon qui l'avait bâtie, pour lui éviter d'avoir à construire une autre mosquée ailleurs, comme le souhaitait justement son mari. Ayant appris cet acte cruel, les membres de la tribu du maçon, issue de la proche Tanga, vinrent à Chwaka et massacrèrent tout le monde, d'où le nom d'Ukuta wa Damu donné à un endroit tout proche : le mur du sang. Des inscriptions du début du XIIIe siècle ont été relevées sur le site.

Sur le chemin de Chwaka près de la route, vous verrez les ruines d'un fort du XVIIIe siècle, qui fut le siège du gouverneur Mazuri à l'époque du règne de Mombasa à Pemba avant l'arrivée des sultans omanais sur l'île. Une des six tombes porte le nom de « Mbarouk bin Khatib al Mazuri » et date de 1807.

Michamvi ★★

Le Cap Michamvi, « c'est un roc ! c'est un pic... c'est un cap ! Que dis-je, c'est un cap ? c'est une péninsule ! » aurait dit Cyrano de Bergerac en contemplant le « Ras Michamvi ». Cette avancée de terre, tout au sud-est de l'île, délimite ainsi la fameuse Chwaka Bay en la coupant du large. A son extrémité se trouve le village de pêcheurs éponyme.

Bwejuu ★

La plage est infinie sur cette partie de l'île, sauvage et belle, le sable blanc étincelant. La barrière de corail sublime. Les resorts sont isolés, étirés le long de la côte, plus intimistes qu'à Pajé car personne ne passe ici devant votre transat à part quelques locaux qui vont pêcher, et certaines adresses très simples invitent à de véritables robinsonnades, offrant une poignée de bungalows directement sur la plage, devant le lagon azuré.

Jambiani ★★★

La plage de Jambiani est immense, elle s'étire sur près de 8 km de long. Elle est limitée par une formation rocheuse au sud (au niveau de Red Monkey's) et au nord, elle est en continuité avec Pajé. Le gros atout : sa plage est un petit bijou, l'une des plus splendides de l'île, ce n'est pas peu dire. Elle est très large, le sable est d'un blanc étincelant, et elle est constituée d'une belle forêt de cocotiers où installer son transat. Les resorts de luxe se sont aussi dans ce cadre idyllique, mais contrairement à beaucoup d'endroits sur l'île, ils ne sont pas coupés des habitants du village.
A Jambiani, on slalome entre la multitude de cocotiers et différents groupements de maisons en boue séchée et en toit de makuti si traditionnels de l'île. Ces villages de pêcheurs ont un mode de vie très modeste. Le cadre est très authentique, d'autant que la vie y est animée. On peut y observer les femmes ramassant des algues cultivées à marée basse, la plupart pour alimenter le Seaweed Center de Pajé (visite que nous vous recommandons). Le meilleur moment est le soir à l'heure des matchs de foot. Le mieux est de louer un vélo pour aller jusqu'à Pajé et visiter un peu les environs. On a plaisir à se balader dans le village (habillé de manière décente évidemment), puis à papillonner d'un bar de plage à l'autre, à tester des restaurants... Un bel endroit où la vie nocturne s'anime en saison surtout les week-ends. L'ambiance est décontractée, plus « roots » qu'à Kendwa.

- **Jambiani est le spot de kitesurf privilégié (avec Pajé).** La plage est ventée, la brise est rafraîchissante par grosse chaleur (attention aux coups de soleil !), le windsurf et le kitesurf sont ici roi. C'est aussi une bonne destination pour les petits budgets et les jeunes, car on y trouve des logements moins chers qu'ailleurs et une nuit assez festive.
- **Le Watersport Festival** qui s'y tient en septembre programme pendant tout un week-end des concerts, des compétitions de foot, de volley, des courses de chèvres, des régates...

Pajé ★★

Premier village en arrivant de Jozani sur cette belle côte sud-est, Pajé est accueillant, assoupi sous les palmiers quand la chaleur de l'après-midi invite à la sieste. Le lieu en lui même compte des supermarchés bien pratiques, un magasin d'alcool et tout un tas de stands touristiques, preuve que bon nombre d'hôtels se sont installés ici. C'est l'un des seuls endroits de l'île où on trouve – avec Jambiani à une dizaine de km notamment – des backpackers pour les jeunes, notamment pour les amateurs de kitesurf, nombreux sur cette place merveilleuse mais ventée. Vous ne manquerez pas de voir les femmes de la coopérative locale ramasser les algues sur la plage, incorporées dans des produits de beauté locaux au Seeweed center, que vous pouvez visiter ici-même. Le soir, quelques bars et clubs pour s'ambiancer gentiment en saison.

Kizimkazi ★★

La baie est réputée pour ses nombreux dauphins : ne l'appelle-t-on pas d'ailleurs la baie des 1 000 dauphins ? En réalité, l'endroit est considéré comme étant encore la baie de Menai, qui remonte au nord jusqu'à la péninsule de Fumba. C'est au milieu de cette baie que les agences vous emmèneront nager avec les dauphins. Comme toujours avec la nature sauvage, personne ne peut vous garantir que vous en verrez, mais les probabilités sont quand même grandes et la baignade devient alors réellement féerique... A condition de nager vite ! Car l'animal est plutôt aérodynamique et joueur.

■ MOSQUÉE DE KIZIMKAZI ★★

Construite vers 1107, restaurée au XIIIe siècle, ses inscriptions célèbrent le cheikh qui la fit bâtir. Des ruines du XVIIe incluent notamment plusieurs tombes. *Kizi* est un nom persan, et *mkazi* signifie en quelque sorte colon. Visible seulement de l'extérieur à l'heure de la prière, on peut avoir le privilège de la visiter si l'imam est dans le coin, et pour les femmes si l'on est correctement vêtue. L'endroit fut choisi par les Anglais comme centre de transmission pour l'Afrique de l'Est pendant la Seconde Guerre mondiale : des antennes étaient installées sur le baobab qui pousse près du rivage.

Jozani Forest

A 35 km au sud-est de Stone Town, où demeurent les singes colobes rouges. On peut les apercevoir dans les arbres, à droite de la route, lorsqu'on fait le trajet vers la côte sud-est. Si l'on veut approfondir la question, on pourra passer par le quartier général de la réserve. C'est la seule forêt sauvage qui reste dans l'île ; elle est à peu près vierge. S'étendant sur 130 ha, elle est habitée par des antilopes rares. Le reste de l'île est majoritairement occupé par des plantations. A Jozani, on trouve notamment 95 espèces de papillons, dont 9 strictement endémiques et une magnifique mangrove, particulièrement bien aménagée.

ÎLE DE PEMBA

A 50 km au nord de Zanzibar se trouve l'île de Pemba, laquelle, quoique plus petite (68 km sur 23 km), produit plus de clous de girofle. Les récoltes se font entre juillet et décembre. Pemba est très fertile et les Arabes l'appellaient l'île verte (« Al Khudra »). Les rizières non parcellisées qui s'étendent à l'infini, englobant cocotiers et bananiers, contribuent à renforcer cette image. Sont aussi cultivés les arbres à caoutchouc, les manguiers, le maïs, la canne à sucre, les cocotiers et quantité d'arbres fruitiers. De nombreux endroits de l'île sont occupés par des marais ou des forêts de mangroves (forêts inondées par l'eau de mer, dont les arbres ont des racines résurgentes), le reste étant assez vallonné, le plus haut point culminant à 930 m.

Survol de l'île. Pemba est habitée par environ 450 000 personnes, et bien peu visitée par les touristes, alors que ses plages sont absolument superbes et qu'elle présente de nombreuses curiosités, dont 25 sites archéologiques. Le détroit qui la sépare du continent offre

les eaux les plus riches qui soient pour la pêche au gros : elles sont profondes de près de 1 000 m à cet endroit, alors que Zanzibar, elle, n'est parfois considérée que comme un prolongement du continent.
Les sites sous-marins locaux sont encore très peu connus en Occident, et donc peu fréquentés, bien qu'extraordinairement luxuriants : un courant sud-nord draine dans le profond canal de Pemba une eau fraîche chargée en oxygène, qui favorise la croissance exubérante d'énormes récifs coralliens jusqu'à 70 m de profondeur. L'île sauvage a conservé de très nombreux îlots et récifs sur la côte ouest, protégée du swell et permettant de bons mouillages dans des criques immaculées.

Chake Chake ★

Prononcer « Chaké Chaké ». C'est la capitale de l'île, et c'est ici que se trouvent quantité de petits magasins, et un centre animé avec un petit marché intéressant à visiter, ansi qu'un petit musée. C'est un passage obligé si vous arrivez de l'aéroport pour aller dans le nord de l'île. A la sortie, on peut visiter une distillerie d'huiles essentielles aromatiques, notamment de clous de girofles, mais aussi de fragrances parfumées comme la citronnelle, l'eucalyptus... Vous êtes à 30 km de Mkoani, le port à l'extrême sud de l'île où arrivent les bateaux d'Unguja, et à 45 km de Kondé tout au nord, à la lisière de la forêt de Ngezii.

Mkoani ★

Mkoani est un petit village au bout de l'île de Pemba où se trouve le port. On y trouve quelques hôtels et le soir une animation sympathique avec des stands de rue de nourriture appétissante et à prix local. Néanmoins rien de touristique à faire ici, mieux vaut loger en pleine nature.

Wambaa ★

Sur la côte Sud-Ouest de l'île. Bifurquer à droite aux deux-tiers de la route allant de Chake Chake à Mkoani. Encore un petit village authentique de Pemba.

Wete ★

Capitale du nord de l'île de Pemba, Wete compte près de 30 000 habitants. La ville s'est développée grâce à son port, stratégique en face de Tanga, qui depuis a été éclipsé par celui de Mkoani au sud, tourné vers Zanzibar, la capitale de région. Des ruines de la civilisation perse shirazienne existent sur la petite île de Matambwe. On trouve à Wete quelques options de logement.

■ ÎLE DE MISALI ★★

On vient à Pemba pour plonger et faire du snorkeling à Misali, le joyau sous-marin du coin. Grâce à la Pemba Channel Conservation Association (Pecca), ce récif est devenu en 1998 une zone de conservation protégée. Il y est donc possible de nager, mais pas de pêcher. Ce récif corallien est considéré comme l'un des plus beaux de la planète (surtout sur le côté ouest de l'île) et possède quelques records (40 espèces coralliennes différentes, plus de 350 espèces de poissons). Le kilomètre carré de terre émergée accueille la ponte de tortues marines, mais aussi des singes et de nombreuses variétés d'oiseaux. Une plage au nord-est, faite de sable blanc et baignée par une eau cristalline turquoise, sera idéale pour un pique-nique.

Konde ★

À 15 km de Wete. Rien à dire sur cette bourgade, qui ne propose aucun hébergement, si ce n'est que les alentours sont parmi les plus beaux à visiter, à commencer par d'exceptionnelles plages sauvages : Panga ya Watoro Beach et Vumawimbi Beach à la pointe nord-ouest, de part et d'autre de la péninsule de Kigomasha, ou encore Mbuyuni Beach, à la pointe nord-est de l'île.

■ RUINES DE CHWAKA ★

A 6 km de Kondé,
entre Chwaka et Myumoni

Situées au nord de l'île, les ruines de Chwaka sont facilement accessibles et indiquées depuis la route qui part de Kondé et qui va vers l'est de l'île, près du village de Tumbe. Elles sont parmi les mieux conservées de Pemba. Erigé par Harun Bin Ali, fils de Mkame Ndune de Pujini, ce village afro-shirazien date du XVe siècle. La ville était assez vaste, étalée sur 20 hectares, comprenant un fort, des salles de réception, deux mosquées, un atelier de ferronnerie et un port dans la crique. Il reste aujourd'hui les murs de la grande mosquée encore debout et les arches des portes. Des fouilles ont mis au jour des vestiges (bols, poteries) visibles au Musée de Zanzibar et à l'Albert Museum à Londres.

Ngezi Forest Reserve ★★

À 3 km à l'ouest de Konde, la forêt primaire de Ngezi s'étend sur 2 500 hectares. Elle abrite des espèces endémiques animales et végétales. Près de 355 espèces végétales (comme des kapokiers cultivés ici pour fabriquer des matelas ou des oreillers), près de 150 espèces d'insectes, des serpents, des oiseaux très nombreux, des papillons endémiques, des chouettes à observer la nuit, mais surtout des chauves-souris *flying fox*, les plus grosses du monde, qui ne vivent nulle part ailleurs. Elle compte aussi une zone de forêt primaire intacte, encore jamais exploitée par l'homme. Près de 60 % de la forêt est en milieu humide, le reste est en milieu plus ouvert, car il y a beaucoup de lacs qui s'y forment en saison des pluies.

ÎLE DE MAFIA

L'île de Mafia (son nom swahili est Choleshamba) est située à 21 km du delta de la rivière Rufiji, à environ 150 km au sud de Dar. Tout le long de l'île, de Tutia au sud à Bweni au nord, court une barrière de corail quasi ininterrompue. L'endroit est connu de tous les grands plongeurs mondiaux. On y trouve en particulier le marlin, le kingfish, le barracuda, le requin, le snapper, le maquereau, le sailfish, le wahoo et de gros rock cods. Un animal exceptionnel, le dugong, mammifère marin, habite les eaux du détroit de Mafia (entre l'île et le continent), mais il est tout de même très difficile à observer. Pendant la mousson du Nord-Est (*kaskazi*, de décembre à mars), des tortues de mer viennent pondre leurs œufs sur les îlots de l'est. La baie de Chole, en forme de fer à cheval et entourée de superbes plages, accueille des eaux profondes et riches.

PENSE FUTÉ

Montgolfière au-dessus du Serengeti National Park.

PENSE FUTÉ

Argent

- **Monnaie :** shilling tanzanien (TSH ou TZS).
- **Taux de change :** 1 € = 2 740 TSH, et 10 000 TSH = 3,65 €.
- **Coût de la vie :** La Tanzanie est un pays pauvre, parmi les plus démunis de la planète. Le pouvoir d'achat d'un Tanzanien de la ville, s'il est supérieur à celui d'un Tanzanien des campagnes, reste faible et ceci en dépit du faible niveau des prix. Car leurs salaires sont bas : environ 100 € par mois pour un enseignant du primaire... Il leur est difficile d'épargner, encore plus de dépenser sans compter ou de nourrir leur famille.
- **Moyens de paiement :** Hors des grands établissements, toutes les transactions se règlent en liquide. Si vous disposez d'une carte bancaire (Visa, MasterCard, etc.), inutile d'emporter des sommes importantes en espèces. Dans les cas où la carte n'est pas acceptée par le commerçant, rendez-vous simplement à un distributeur automatique de billets.
- **Marchandage :** Dans les magasins de souvenirs, les prix sont rarement indiqués, et pour vous ce sont des tarifs spéciaux « Mzungu » (« Blanc » en kiswahili). Donc pour n'importe quel objet, le prix est plus cher que la moyenne. Mais ce n'est pas une généralité. Dans tous les cas, il faut bien que chacun gagne sa vie... À vous de négocier !
- **Pourboires :** Le pourboire, tout le monde y passe. Vous avez beau payer cher (voire très cher) pour un safari, un trek, une ascension, il vous faudra encore donner un pourboire aux porteurs, cuisiniers ou guides qui vous auront accompagné.

Bagages

Prévoyez des chemises de coton ou tee-shirts en quantité, pour pouvoir vous changer après la poussière des pistes ou la chaleur de la côte. Si vous passez au Ngorongoro, prévoyez un pull chaud pour le soir car les hôtels de brousse y sont situés à plus de 2 200 m d'altitude. Pour partir en safari, évitez le rouge flashy ou le skaï fluo : préférez plutôt des couleurs discrètes pour ne pas effrayer les animaux, déjà difficiles à approcher. Sur la côte, les couleurs ne font pas fuir les aimables autochtones rencontrés : les vêtements chatoyants font partie de la culture swahili. Mais surtout ayez bien à l'esprit que la proportion des musulmans y est très importante. Il est par conséquent déconseillé de se promener en ville en débardeur et short moulant, et encore plus en maillot de bain.

Électricité

Le courant est au standard anglais (220/230 volts), enfin en principe, car variations et coupures sont fréquentes. Dans les lodges ou les bons camps permanents, des générateurs fournissent aussi du 220 volts. Vous pourrez sans difficulté recharger vos accus, si possible le soir pendant le dîner, car vers 22h30 ou 23h, on arrête généralement le moteur. Les prises sont compatibles avec le standard français.

FAIRE / NE PAS FAIRE

Faire

Partout où vous irez en Tanzanie, vous serez bien accueilli : le tourisme étant une des principales ressources économiques du pays, le personnel des hôtels et restaurants est en général professionnel et expérimenté. Si vous ne parlez pas anglais (et même si vous le pratiquez), il est de bon ton d'apprendre quelques expressions élémentaires en kiswahili, qui feront toujours plaisir à vos interlocuteurs : « *Jambo* » signifie « Bonjour » ; « *Thafadali* », « S'il vous plaît » ; « *Asante* », « Merci ». Au « *Karibu* » (« Bienvenue »), il vous sera aussitôt demandé « *Habari ?* » (« Comment allez-vous ? »), auquel vous répondrez, si bien sûr tout va bien, « *Nzuri* ». Les Tanzaniens sont très gentils, et plus encore si les touristes connaissent quelques mots de kiswahili.

Dans la rue tout est négociable : bijoux, vêtements, étoffes, souvenirs… N'hésitez pas à discuter le prix quand un article vous intéresse, en vous montrant courtois mais ferme. N'oubliez pas que ces objets ont été fabriqués par des artistes locaux, dont il ne s'agit pas non plus de dévaloriser le travail. Comparez également les prix dans les grandes boutiques de souvenirs, ceux-ci varient parfois du simple au double pour le même article ! Dans ces boutiques, la négociation est de mise. Sachez aussi qu'en safari avec un guide, ce dernier vous laissera automatiquement dans des commerces de souvenirs où il touche une commission sur les achats de ses touristes (environ 10 %).

Ne pas faire

Alcool : à Zanzibar comme à Pemba, on ne vend a priori pas d'alcool. Accédant à la demande des touristes, les hôtels-résidences de la côte, puis ceux de Stone Town, ont mis à mal cette pratique. On trouve donc des boissons alcoolisées dans quasiment tous les hôtels et restaurants. Il n'est pas question de sortir de l'établissement avec son alcool.

Habillement : à Zanzibar et plus encore à Pemba, où la population est presque entièrement musulmane, il est conseillé aux femmes de ne pas porter de vêtements trop provocants. Bien que les Zanzibaris soient habitués au tourisme et loin d'être intégristes, c'est une question de respect vis-à-vis des mœurs et de la religion locales. Attention aussi pour les femmes voyageant seules, une tenue trop légère pourrait leur attirer des problèmes (agressions, violences…).

Photos : si vous souhaitez prendre des personnes en photo, par exemple les élégants Maasaï, demandez-leur toujours la permission auparavant. Ils vous l'accorderont en général sans difficulté et sans aucune contrepartie, mais n'aiment pas, et c'est normal, être surpris et photographiés comme des bêtes curieuses.

Formalités

Les touristes doivent avoir un visa pour entrer sur le territoire tanzanien. Les visas peuvent être demandés auprès de l'ambassade de la République unie de Tanzanie en France, directement dans les aéroports de Dar es Salaam, Arusha, Mwanza et Zanzibar, mais aussi dans les ports de Dar es Salaam, Zanzibar et Kigoma, et à certaines frontières terrestres, notamment à Namanga (frontière avec le Kenya), Mutukula (frontière ougandaise), Tunduma (frontière zambienne) et Kasumulu (frontière malawite).

Pour les visas à entrée unique sollicités à Paris, le prix est actuellement de 50 €, payables en espèces ou en mandat cash à l'ordre de l'ambassade de Tanzanie en France. Pour ceux pris sur le sol tanzanien, le prix est de 50 US$. Le visa ordinaire est délivré pour une période de trois mois, renouvelable une fois pour deux mois supplémentaires, sans quitter le pays. Le certificat de vaccination contre la fièvre jaune est exigé de plus en plus souvent. Se faire vacciner avant de venir est donc préférable.

Safari dans le cratère Ngorongoro.

Langues parlées

Il existe plus de 100 dialectes différents et plus de 120 groupes ethniques en Tanzanie. Seuls le kiswahili et l'anglais sont des langues officielles. Cette dernière est notamment utilisée dans toute l'administration.

Quand partir ?

Il y a deux saisons des pluies dans l'année : une petite, de novembre à janvier, et une plus longue, de fin mars à mi-mai.

Sur les côtes maritimes et plus particulièrement à Zanzibar, c'est en mars et avril que se concentrent les pluies (très fortes). Il peut arriver qu'il pleuve plusieurs jours de suite.

Santé

La Tanzanie est un pays où sévit le paludisme. Un traitement est à prendre et il est important de se protéger des moustiques, surtout lors des safaris. Renseignez-vous au préalable. Et comme dans beaucoup de pays africains, ne buvez que de l'eau en bouteille ou préalablement bouillie.

Sécurité

Voyageur handicapé. La Tanzanie n'est pas un pays facile pour les voyageurs handicapés. Trop peu d'aménagements sont à souligner

Bateau de pêche dans les eaux turquoise de Zanzibar, Zanzibar Town.

pour eux, et les véhicules de safaris classiques ne sont pas pratiques pour eux.

▶ **Voyageur gay ou lesbien.** Les autorités de Zanzibar interdisent les pratiques homosexuelles sur l'archipel. En Tanzanie continentale, c'est aussi proscrit par la loi, et des peines de prison sont possibles.

▶ **Voyager avec des enfants.**Si vous voyagez avec des enfants, qui plus est jeunes, faites attention. Évidemment pour le safari, préférez les lodges aux camps. Mais tout cela revient cher au final, et billets compris, on atteint facilement plusieurs milliers d'euros. Cette destination est donc réservée aux familles qui ont les moyens et qui ont un minimum l'amour du risque, ou du moins de l'originalité... Choisissez des compagnies qui ont l'habitude des familles et qui ont aussi un passé.

▶ **Femme seule.** Si c'est votre cas, restez sur vos gardes. Qui dit femme blanche, dit opportunité pour un Tanzanien (et plus largement un Africain) de nouer une relation pour quitter le pays et ainsi accéder à de meilleures conditions de vie. A Zanzibar, on trouve souvent des Beachs Boys qui ne courent pas seulement les plages pour leur sable blanc et leurs cocotiers.

Téléphone

▶ **Indicatif téléphonique :** 255.

▶ **Téléphoner de France dans le pays :** composer le + 255 + numéro de la région (indiqué entre parenthèses) en supprimant le 0 du numéro local.

▶ **Téléphoner en local :** composer tous les chiffres du numéro local, avec le 0.

▶ **Téléphoner du pays en France :** composer le + 33 + numéro région sans le 0 + numéro local.

NOURRIR
ÇA VEUT DIRE
SOIGNER
UNE PERSONNE MALADE PEUT RAPIDEMENT SOUFFRIR DE MALNUTRITION.
SAVEZ-VOUS QUE LES MALADIES SONT L'UNE DES PRINCIPALES CAUSES DE LA FAIM DANS LE MONDE, FRAGILISANT ENCORE L'ORGANISME DES PLUS FAIBLES ? ALORS NOUS ŒUVRONS DIRECTEMENT AUPRÈS DES POPULATIONS POUR PRÉVENIR ET SOIGNER, AFIN QU'ELLES PUISSENT RETROUVER UNE VIE ET UNE ALIMENTATION NORMALES.
ACTION CONTRE LA FAIM
C'EST BIEN PLUS QUE NOURRIR.
Action contre la Faim – SIRET 318 990 892 00065 – geometry global – © Guillaume Binet

INDEX

A

B

C

D

E - F

G

I

J

K

Tour en montgolfière au-dessus du parc national de Serengeti.

EDITION

Directeurs de collection et auteurs : Dominique AUZIAS et Jean-Paul LABOURDETTE

Auteurs : Baptiste THARREAU, Antoine RICHARD, Arnaud BEBIEN, Jérôme CHENIEUX, Jean-Paul LABOURDETTE, Dominique AUZIAS et alter

Directeur Editorial : Stéphan SZEREMETA

Rédaction France : Briséis CREAC'H-MENUT, Mélanie COTTARD, Audrey VEDOVOTTO, Nicolas WODARCZAK

Rédaction Monde : Laure CHATAIGNON, Morgane VESLIN, Pierre-Yves SOUCHET, Natalia COLLIER

FABRICATION

Maquette et Montage : Romain AUDREN, Julie BORDES, Delphine PAGANO

Iconographie et Cartographie : Anne DIOT, Julien DOUCET

WEB ET NUMERIQUE

Directeur Web : Louis GENEAU DE LAMARLIERE

Développeurs : Guillaume BARBET, Adeline CAUX et Roland SPOUTIL

Intégrateur Web : Mickael LATTES, Antoine DION

Webdesigner : Caroline LAFFAITEUR

Community Traffic Manager : Alice BARBIER, Mariana BURLAMAQUI et Noémie LE SAUX

DIRECTION COMMERCIALE

Directeur commercial : Guillaume VORBURGER

Coordinatrice des Régies commerciales : Manon GUERIN assistée de Jonas HESOL

Account Manager Marketplace : Leila ROUGEOT assistée de Lola FAVRE-MOT

Responsable Régies locales : Michel GRANSEIGNE

Responsables Développement régie inter : Jean-Marc FARAGUET et Guillaume LABOUREUR et Camille ESMIEU

Chefs de Publicité Régie nationale : Caroline AUBRY, François BRIANCON-MARJOLLET, Perrine DE CARNE MARCEIN, Jonathan TOUTOUX et Amélie NOEL

DIFFUSION ET PROMOTION

Directrice des Ventes : Bénédicte MOULET assistée d'Aissatou DIOP

Responsable des ventes : Jean-Pierre GHEZ assisté de Nelly BRION

Relations Presse-Partenariats : Jean-Mary MARCHAL

ADMINISTRATION

Président : Jean-Paul LABOURDETTE

Directrice des Ressources Humaines : Dina BOURDEAU assistée de Sandra DOS REIS et Eva BAELEN

Directrice Administrative et Financière : Valérie DECOTTIGNIES

Comptabilité : Guillaume PETIT, Aminata BAGAYOKO, Jeannine DEMIRDJIAN

Recouvrement : Fabien BONNAN assisté de Sandra BRIJLAL

Responsable informatique : Elie NZUZI-LEBA

■ CARNET DE VOYAGE TANZANIE ■

LES NOUVELLES EDITIONS DE L'UNIVERSITE
18, rue des Volontaires - 75015 Paris.
✆ 01 53 69 70 00 - Fax 01 42 73 15 24
Internet : www.petitfute.com
SAS au capital de 1 000 000 € - RC PARIS B 309 769 966
Couverture : Serengeti National Park © Jo Crebbin - Shutterstock.com
Impression : IMPRIMERIE CHIRAT - 42540 Saint-Just-la-Pendue
Achevé d'imprimer : mai 2024
Dépôt légal : juin 2022
ISBN : 9782305042534

Pour nous contacter par email,
indiquez le nom de famille en minuscule suivi de @petitfute.com
Pour le courrier des lecteurs : info@petitfute.com

IMPRIMÉ EN FRANCE

PEFC
10-31-1895
Certifié PEFC
Ce produit est issu de forêts gérées durablement, de sources recyclées et contrôlées
www.pefc-france.org